TRANZLATY

El idioma es para todos

Limba este pentru toată lumea

El Manifiesto Comunista

Manifestul Comunist

Karl Marx
&
Friedrich Engels

Español / Română

Published by Tranzlaty
ISBN: 978-1-80572-437-7
Original text by Karl Marx and Friedrich Engels
The Communist Manifesto
First published in 1848
www.tranzlaty.com

Introducción
Introducere

Un fantasma acecha a Europa: el fantasma del comunismo

Un spectru bântuie Europa – spectrul comunismului

Todas las potencias de la vieja Europa han entrado en una santa alianza para exorcizar este fantasma

Toate puterile vechii Europe au intrat într-o alianță sfântă pentru a exorciza acest spectru

El Papa y el Zar, Metternich y Guizot, los radicales franceses y los espías de la policía alemana

Papa și țarul, Metternich și Guizot, radicalii francezi și polițiștii-spioni germani

¿Dónde está el partido en la oposición que no ha sido tachado de comunista por sus adversarios en el poder?

Unde este partidul din opoziție care nu a fost denunțat ca fiind comunist de către oponenții săi de la putere?

¿Dónde está la Oposición que no haya devuelto el reproche de marca al comunismo contra los partidos de oposición más avanzados?

Unde este opoziția care nu a aruncat înapoi reproșul comunismului împotriva partidelor de opoziție mai avansate?

¿Y dónde está el partido que no ha hecho la acusación contra sus adversarios reaccionarios?

Și unde este partidul care nu a făcut acuzația împotriva adversarilor săi reacționari?

Dos cosas resultan de este hecho

Două lucruri rezultă din acest fapt

I. El comunismo es ya reconocido por todas las potencias europeas como una potencia en sí misma

I. Comunismul este deja recunoscut de toate puterile europene ca fiind el însuși o putere

II. Ya es hora de que los comunistas publiquen abiertamente, a la vista de todo el mundo, sus puntos de vista, sus objetivos y sus tendencias

II. Este timpul ca comuniștii să-și publice în mod deschis, în fața întregii lumi, opiniile, scopurile și tendințele lor

deben hacer frente a este cuento infantil del Espectro del Comunismo con un Manifiesto del propio partido

trebuie să întâmpine această poveste a spectrului comunismului cu un manifest al partidului însuși

Con este fin, comunistas de diversas nacionalidades se han reunido en Londres y han esbozado el siguiente Manifiesto

În acest scop, comuniști de diferite naționalități s-au adunat la Londra și au schițat următorul Manifest

El presente manifiesto se publicará en inglés, francés, alemán, italiano, flamenco y danés

acest manifest urmează să fie publicat în limbile engleză, franceză, germană, italiană, flamandă și daneză

Y ahora se publicará en todos los idiomas que ofrece Tranzlaty

Și acum urmează să fie publicat în toate limbile pe care le oferă Tranzlaty

La burguesía y los proletarios
Burghezii și proletarii
La historia de todas las sociedades existentes hasta ahora es la historia de las luchas de clases
Istoria tuturor societăților existente până acum este istoria luptelor de clasă
Hombre libre y esclavo, patricio y plebeyo, señor y siervo, maestro de gremio y oficial
Om liber și sclav, patrician și plebeu, stăpân și iobag, stăpân de breaslă și calfă
en una palabra, opresor y oprimido
într-un cuvânt, asupritor și asuprit
Estas clases sociales estaban en constante oposición entre sí
Aceste clase sociale stăteau în opoziție constantă una față de cealaltă
Llevaron a cabo una lucha ininterrumpida. Ahora oculto, ahora abierto
au dus o luptă neîntreruptă. Acum ascuns, acum deschis
una lucha que terminó en una reconstitución revolucionaria de la sociedad en general
o luptă care s-a încheiat cu o reconstituire revoluționară a societății în general
o una lucha que terminó en la ruina común de las clases contendientes
sau o luptă care s-a încheiat cu ruina comună a claselor concurente
Echemos la vista atrás a las épocas anteriores de la historia
Să ne uităm înapoi la epocile anterioare ale istoriei
Encontramos casi en todas partes una complicada organización de la sociedad en varios órdenes
Găsim aproape pretutindeni o aranjare complicată a societății în diferite ordine
Siempre ha habido una múltiple gradación de rango social
A existat întotdeauna o gradație multiplă a rangului social
En la antigua Roma tenemos patricios, caballeros, plebeyos, esclavos

În Roma antică avem patricieni, cavaleri, plebei, sclavi
en la Edad Media: señores feudales, vasallos, maestros de gremios, oficiales, aprendices, siervos
în Evul Mediu: lorzi feudali, vasali, stăpâni de breaslă, calfe, ucenici, iobagi
En casi todas estas clases, de nuevo, las gradaciones subordinadas
în aproape toate aceste clase, din nou, gradații subordonate
La sociedad burguesa moderna ha brotado de las ruinas de la sociedad feudal
Societatea burgheză modernă a răsărit din ruinele societății feudale
Pero este nuevo orden social no ha eliminado los antagonismos de clase
Dar această nouă ordine socială nu a eliminat antagonismele de clasă
No ha hecho más que establecer nuevas clases y nuevas condiciones de opresión
Ea nu a făcut decât să stabilească noi clase și noi condiții de opresiune
Ha establecido nuevas formas de lucha en lugar de las antiguas
a stabilit noi forme de luptă în locul celor vechi
Sin embargo, la época en la que nos encontramos posee un rasgo distintivo
Cu toate acestea, epoca în care ne aflăm posedă o trăsătură distinctivă
la época de la burguesía ha simplificado los antagonismos de clase
epoca burgheziei a simplificat antagonismele de clasă
La sociedad en su conjunto se divide cada vez más en dos grandes campos hostiles
Societatea în ansamblu se împarte din ce în ce mai mult în două mari tabere ostile
dos grandes clases sociales enfrentadas directamente: la burguesía y el proletariado

două mari clase sociale care se confruntă direct: burghezia şi proletariatul

De los siervos de la Edad Media surgieron los burgueses de las primeras ciudades

Din iobagii Evului Mediu au apărut burghezii din primele oraşe

A partir de estos burgueses se desarrollaron los primeros elementos de la burguesía

Din aceşti burghezi s-au dezvoltat primele elemente ale burgheziei

El descubrimiento de América y el doblamiento del Cabo

Descoperirea Americii şi ocolirea Capului

estos acontecimientos abrieron un nuevo terreno para la burguesía en ascenso

aceste evenimente au deschis un teren nou pentru burghezia în ascensiune

Los mercados de las Indias Orientales y China, la colonización de América, el comercio con las colonias

Pieţele din India de Est şi China, colonizarea Americii, comerţul cu coloniile

el aumento de los medios de cambio y de las mercancías en general

creşterea mijloacelor de schimb şi a mărfurilor în general

Estos acontecimientos dieron al comercio, a la navegación y a la industria un impulso nunca antes conocido

Aceste evenimente au dat comerţului, navigaţiei şi industriei un impuls nemaicunoscut până acum

Dio un rápido desarrollo al elemento revolucionario en la tambaleante sociedad feudal

a dat o dezvoltare rapidă elementului revoluţionar în societatea feudală clătinată

Los gremios cerrados habían monopolizado el sistema feudal de producción industrial

breslele închise monopolizaseră sistemul feudal de producţie industrială

Pero esto ya no bastaba para satisfacer las crecientes necesidades de los nuevos mercados

dar acest lucru nu mai era suficient pentru nevoile crescânde ale noilor piețe

El sistema manufacturero sustituyó al sistema feudal de la industria

Sistemul manufacturier a luat locul sistemului feudal al industriei

Los maestros de gremio fueron empujados a un lado por la clase media manufacturera

Stăpânii breslelor au fost împinși pe o parte de clasa de mijloc manufacturieră

La división del trabajo entre los diferentes gremios corporativos desapareció

Diviziunea muncii între diferitele bresle corporative a dispărut

La división del trabajo penetraba en cada uno de los talleres

diviziunea muncii a pătruns în fiecare atelier

Mientras tanto, los mercados seguían creciendo y la demanda seguía aumentando

Între timp, piețele au continuat să crească, iar cererea a crescut tot mai mult

Ni siquiera las fábricas bastaban para satisfacer las demandas

Nici măcar fabricile nu mai erau suficiente pentru a satisface cererile

A partir de entonces, el vapor y la maquinaria revolucionaron la producción industrial

Astfel, aburul și utilajele au revoluționat producția industrială

El lugar de la manufactura fue ocupado por el gigante, la Industria Moderna

Locul de fabricație a fost luat de gigantul Industriei Moderne

El lugar de la clase media industrial fue ocupado por millonarios industriales

Locul clasei de mijloc industriale a fost luat de milionarii industriali

**el lugar de los jefes de ejércitos industriales enteros fue
ocupado por la burguesía moderna**
locul conducătorilor întregilor armate industriale a fost luat de
burghezia modernă
**el descubrimiento de América allanó el camino para que la
industria moderna estableciera el mercado mundial**
descoperirea Americii a deschis calea pentru ca industria
modernă să stabilească piața mondială
**Este mercado dio un inmenso desarrollo al comercio, la
navegación y la comunicación por tierra**
Această piață a dat o dezvoltare imensă comerțului, navigației
și comunicațiilor pe uscat
**Este desarrollo ha repercutido, en su momento, en la
extensión de la industria**
Această evoluție a reacționat, la vremea sa, la extinderea
industriei
**Reaccionó en proporción a cómo se extendía la industria, y
cómo se extendían el comercio, la navegación y los
ferrocarriles**
a reacționat proporțional cu modul în care industria s-a extins
și cum s-au extins comerțul, navigația și căile ferate
**en la misma proporción en que la burguesía se desarrolló,
aumentó su capital**
în aceeași proporție în care s-a dezvoltat burghezia, ei și-au
mărit capitalul
**y la burguesía relegó a un segundo plano a todas las clases
heredadas de la Edad Media**
iar burghezia a împins în plan secund fiecare clasă moștenită
din Evul Mediu
**por lo tanto, la burguesía moderna es en sí misma el
producto de un largo curso de desarrollo**
prin urmare, burghezia modernă este ea însăși produsul unui
lung curs de dezvoltare
**Vemos que es una serie de revoluciones en los modos de
producción y de intercambio**

Vedem că este o serie de revoluții în modurile de producție și de schimb

Cada paso de la burguesía desarrollista iba acompañado de un avance político correspondiente

Fiecare pas de dezvoltare al burgheziei a fost însoțit de un avans politic corespunzător

Una clase oprimida bajo el dominio de la nobleza feudal

O clasă asuprită sub stăpânirea nobilimii feudale

una asociación armada y autónoma en la comuna medieval

o asociație înarmată și autonomă în comuna medievală

aquí, una república urbana independiente (como en Italia y Alemania)

aici, o republică urbană independentă (ca în Italia și Germania)

allí, un "tercer estado" imponible de la monarquía (como en Francia)

acolo, o "a treia stare" impozabilă a monarhiei (ca în Franța)

posteriormente, en el período de fabricación propiamente dicho

ulterior, în perioada de fabricație propriu-zisă

la burguesía servía a la monarquía semifeudal o a la monarquía absoluta

burghezia a servit fie monarhia semifeudală, fie monarhia absolută

o la burguesía actuaba como contrapeso contra la nobleza

sau burghezia a acționat ca o contrapondere împotriva nobilimii

y, de hecho, la burguesía era una piedra angular de las grandes monarquías en general

și, de fapt, burghezia a fost o piatră de temelie a marilor monarhii în general

pero la industria moderna y el mercado mundial se establecieron desde entonces

dar industria modernă și piața mondială s-au impus de atunci

y la burguesía ha conquistado para sí el dominio político exclusivo

iar burghezia a cucerit pentru ea stăpânire politică exclusivă

logró esta influencia política a través del Estado representativo moderno

a obținut această influență politică prin statul reprezentativ modern

Los ejecutivos del Estado moderno no son más que un comité de gestión

Executivii statului modern nu sunt decât un comitet de conducere

y manejan los asuntos comunes de toda la burguesía

și ei conduc afacerile comune ale întregii burghezii

La burguesía, hiṣtóricamente, ha desempeñado un papel muy revolucionario

Burghezia, din punct de vedere istoric, a jucat un rol revoluționar

Dondequiera que se impuso, puso fin a todas las relaciones feudales, patriarcales e idílicas

Oriunde a avut avantajul, a pus capăt tuturor relațiilor feudale, patriarhale și idilice

Ha roto sin piedad los abigarrados lazos feudales que unían al hombre con sus "superiores naturales"

Ea a sfâșiat fără milă legăturile feudale pestrițe care îl legau pe om de "superiorii săi naturali"

y no ha dejado ningún nexo entre el hombre y el hombre, más allá del puro interés propio

și nu a lăsat nici o legătură între om și om, în afară de interesul propriu

Las relaciones del hombre entre sí se han convertido en nada más que un cruel "pago en efectivo"

Relațiile omului între ei nu au devenit altceva decât o "plată în numerar" insensibilă

Ha ahogado los éxtasis más celestiales del fervor religioso

A înecat cele mai cerești extaze ale fervoarei religioase

ha ahogado el entusiasmo caballeresco y el sentimentalismo filisteo

A înecat entuziasmul cavaleresc și sentimentalismul filistean

ha ahogado estas cosas en el agua helada del cálculo egoísta
a înecat aceste lucruri în apa înghețată a calculului egoist
Ha resuelto el valor personal en valor de cambio
A rezolvat valoarea personală în valoare de schimb
Ha sustituido a las innumerables e imprescriptibles
libertades estatutarias
a înlocuit nenumăratele și indelebile libertăți statutare
y ha establecido una libertad única e inconcebible; Libre
cambio
și a stabilit o singură libertate de neconceput; Comerț liber
En una palabra, lo ha hecho para la explotación
Într-un cuvânt, a făcut acest lucru pentru exploatare
explotación velada por ilusiones religiosas y políticas
exploatare acoperită de iluzii religioase și politice
explotación velada por una explotación desnuda,
desvergonzada, directa, brutal
exploatare ascunsă de exploatare goală, nerușinată, directă,
brutală
la burguesía ha despojado de la aureola a todas las
ocupaciones anteriormente honradas y veneradas
burghezia a dezbrăcat aureola de orice ocupație onorată și
venerată anterior
el médico, el abogado, el sacerdote, el poeta y el hombre de
ciencia
medicul, avocatul, preotul, poetul și omul de știință
Ha convertido a estos distinguidos trabajadores en sus
trabajadores asalariados
i-a transformat pe acești muncitori distinși în muncitori
salariați plătiți
La burguesía ha rasgado el velo sentimental de la familia
Burghezia a rupt vălul sentimental de pe familie
y ha reducido la relación familiar a una mera relación
monetaria
și a redus relația de familie la o simplă relație de bani
el brutal despliegue de vigor en la Edad Media que tanto
admiran los reaccionarios

manifestarea brutală de vigoare în Evul Mediu pe care reacționarii o admiră atât de mult

Aun esto encontró su complemento adecuado en la más perezosa indolencia

chiar și aceasta și-a găsit complementul potrivit în cea mai leneșă indolență

La burguesía ha revelado cómo sucedió todo esto

Burghezia a dezvăluit cum s-au întâmplat toate acestea

La burguesía ha sido la primera en mostrar lo que la actividad del hombre puede producir

Burghezia a fost prima care a arătat ce poate aduce activitatea omului

Ha logrado maravillas que superan con creces las pirámides egipcias, los acueductos romanos y las catedrales góticas

A realizat minuni depășind cu mult piramidele egiptene, apeductele romane și catedralele gotice

y ha llevado a cabo expediciones que han hecho sombra a todos los antiguos Éxodos de naciones y cruzadas

și a condus expediții care au pus în umbră toate fostele exoduri ale națiunilor și cruciade

La burguesía no puede existir sin revolucionar constantemente los instrumentos de producción

Burghezia nu poate exista fără a revoluționa constant instrumentele de producție

y, por lo tanto, no puede existir sin sus relaciones con la producción

și, prin urmare, nu poate exista fără relațiile sale cu producția

y, por lo tanto, no puede existir sin sus relaciones con la sociedad

și, prin urmare, nu poate exista fără relațiile sale cu societatea

Todas las clases industriales anteriores tenían una condición en común

Toate clasele industriale anterioare aveau o condiție în comun

Confiaban en la conservación de los antiguos modos de producción

s-au bazat pe conservarea vechilor moduri de producție

pero la burguesía trajo consigo una dinámica completamente nueva
dar burghezia a adus cu ea o dinamică complet nouă
Revolucionar constantemente la producción y perturbar ininterrumpidamente todas las condiciones sociales
Revoluţionarea constantă a producţiei şi perturbarea neîntreruptă a tuturor condiţiilor sociale
esta eterna incertidumbre y agitación distingue a la época burguesa de todas las anteriores
această incertitudine şi agitaţie veşnică disting epoca burgheziei de toate cele anterioare
Las relaciones previas con la producción vinieron acompañadas de antiguos y venerables prejuicios y opiniones
Relaţiile anterioare cu producţia au venit cu prejudecăţi şi opinii străvechi şi venerabile
Pero todas estas relaciones fijas y congeladas son barridas
dar toate aceste relaţii fixe şi îngheţate sunt măturate
Todas las relaciones recién formadas se vuelven anticuadas antes de que puedan osificarse
toate relaţiile nou formate devin învechite înainte de a se putea osifica
Todo lo que es sólido se derrite en el aire, y todo lo que es santo es profanado
Tot ceea ce este solid se topeşte în aer şi tot ce este sfânt este profanat
El hombre se ve finalmente obligado a afrontar con sus sentidos sobrios sus verdaderas condiciones de vida
Omul este în sfârşit obligat să înfrunte cu simţurile serioase, condiţiile sale reale de viaţă
y se ve obligado a afrontar sus relaciones con los de su especie
şi este obligat să-şi înfrunte relaţiile cu neamul său
La burguesía necesita constantemente ampliar sus mercados para sus productos

Burghezia are nevoie în mod constant să-și extindă piețele
pentru produsele sale
**y, debido a esto, la burguesía es perseguida por toda la
superficie del globo**
și, din această cauză, burghezia este urmărită pe întreaga
suprafață a globului
**La burguesía debe anidar en todas partes, establecerse en
todas partes, establecer conexiones en todas partes**
Burghezia trebuie să se cuibărească peste tot, să se stabilească
peste tot, să stabilească legături peste tot
**La burguesía debe crear mercados en todos los rincones del
mundo para explotar**
Burghezia trebuie să creeze piețe în fiecare colț al lumii pentru
a le exploata
**La producción y el consumo en todos los países han
adquirido un carácter cosmopolita**
Producția și consumul din fiecare țară au primit un caracter
cosmopolit
**el disgusto de los reaccionarios es palpable, pero ha
continuado a pesar de todo**
supărarea reacționarilor este palpabilă, dar a continuat cu
toate acestea.
**La burguesía ha sacado de debajo de los pies de la industria
el terreno nacional en el que se encontraba**
Burghezia a tras de sub picioarele industriei terenul național
pe care stătea
**Todas las industrias nacionales de vieja data han sido
destruidas, o están siendo destruidas diariamente**
toate industriile naționale vechi au fost distruse sau sunt
distruse zilnic
**Todas las viejas industrias nacionales son desplazadas por
las nuevas industrias**
Toate industriile naționale vechi sunt dislocate de noi industrii
**Su introducción se convierte en una cuestión de vida o
muerte para todas las naciones civilizadas**

introducerea lor devine o întrebare de viață și de moarte
pentru toate națiunile civilizate

**son desalojados por industrias que ya no trabajan con
materia prima autóctona**

sunt dislocate de industrii care nu mai exploatează materie
primă autohtonă

**En cambio, estas industrias extraen materias primas de las
zonas más remotas**

în schimb, aceste industrii extrag materii prime din zonele cele
mai îndepărtate

**industrias cuyos productos se consumen, no solo en el país,
sino en todos los rincones del mundo**

industrii ale căror produse sunt consumate, nu numai acasă, ci
în fiecare colț al globului

**En lugar de las viejas necesidades, satisfechas por las
producciones del país, encontramos nuevas necesidades**

În locul vechilor dorințe, satisfăcute de producțiile țării, găsim
noi nevoi

**Estas nuevas necesidades requieren para su satisfacción los
productos de tierras y climas lejanos**

Aceste noi nevoi necesită pentru satisfacerea lor produse din
țări și clime îndepărtate

**En lugar de la antigua reclusión y autosuficiencia local y
nacional, tenemos el comercio**

În locul vechii izolări și autosuficiențe locale și naționale,
avem comerț

**intercambio internacional en todas las direcciones;
Interdependencia universal de las naciones**

schimburi internaționale în toate direcțiile; interdependența
universală a națiunilor

**Y así como dependemos de los materiales, también
dependemos de la producción intelectual**

Și așa cum depindem de materiale, tot așa suntem dependenți
de producția intelectuală

**Las creaciones intelectuales de las naciones individuales se
convierten en propiedad común**

Creațiile intelectuale ale națiunilor individuale devin
proprietate comună
**La unilateralidad nacional y la estrechez de miras se vuelven
cada vez más imposibles**
Unilateralitatea națională și îngustimea mentală devin din ce
în ce mai imposibile
**y de las numerosas literaturas nacionales y locales, surge una
literatura mundial**
și din numeroasele literaturi naționale și locale, se naște o
literatură mondială
**por el rápido perfeccionamiento de todos los instrumentos
de producción**
prin îmbunătățirea rapidă a tuturor instrumentelor de
producție
por los medios de comunicación inmensamente facilitados
prin mijloacele de comunicare extrem de facilitate
**La burguesía atrae a todos (incluso a las naciones más
bárbaras) a la civilización**
Burghezia atrage toate (chiar și cele mai barbare națiuni) în
civilizație
**Los precios baratos de sus mercancías; la artillería pesada
que derriba todas las murallas chinas**
Prețurile ieftine ale mărfurilor sale; artileria grea care dărâmă
toate zidurile chinezești
**El odio intensamente obstinado de los bárbaros hacia los
extranjeros se ve obligado a capitular**
Ura intens încăpățânată a barbarilor față de străini este forțată
să capituleze
**Obliga a todas las naciones, bajo pena de extinción, a
adoptar el modo de producción burgués**
Ea obligă toate națiunile, sub pedeapsa dispariției, să adopte
modul de producție burghez
los obliga a introducir lo que llama civilización en su seno
îi obligă să introducă ceea ce numește civilizație în mijlocul lor
**La burguesía obliga a los bárbaros a convertirse ellos
mismos en burgueses**

Burghezia îi forţează pe barbari să devină ei înşişi burghezi
**en una palabra, la burguesía crea un mundo a su imagen y
semejanza**
într-un cuvânt, burghezia creează o lume după propria
imagine
**La burguesía ha sometido el campo al dominio de las
ciudades**
Burghezia a supus mediul rural stăpânirii oraşelor
**Ha creado enormes ciudades y ha aumentado
considerablemente la población urbana**
A creat oraşe enorme şi a crescut foarte mult populaţia urbană
**Rescató a una parte considerable de la población de la
idiotez de la vida rural**
a salvat o parte considerabilă a populaţiei de idioţenia vieţii
rurale
pero ha hecho que los del campo dependan de las ciudades
dar i-a făcut pe cei de la ţară dependenţi de oraşe
**y asimismo, ha hecho que los países bárbaros dependan de
los civilizados**
şi, de asemenea, a făcut ţările barbare dependente de cele
civilizate
**naciones de campesinos sobre naciones de la burguesía, el
Este sobre el Oeste**
naţiuni de ţărani pe naţiuni de burghezie, de la est la vest
**La burguesía suprime cada vez más el estado disperso de la
población**
Burghezia elimină din ce în ce mai mult statul împrăştiat al
populaţiei
**Ha aglomerado la producción y ha concentrado la propiedad
en pocas manos**
A aglomerat producţia şi a concentrat proprietatea în câteva
mâini
**La consecuencia necesaria de esto fue la centralización
política**
Consecinţa necesară a acestui lucru a fost centralizarea politică

Había habido naciones independientes y provincias poco conectadas
au existat naţiuni independente şi provincii slab conectate
Tenían intereses, leyes, gobiernos y sistemas tributarios separados
au avut interese, legi, guverne şi sisteme de impozitare separate
pero se han agrupado en una sola nación, con un solo gobierno
dar au fost grupate într-o singură naţiune, cu un singur guvern
Ahora tienen un interés nacional de clase, una frontera y un arancel aduanero
acum au un interes de clasă naţional, o frontieră şi un tarif vamal
Y este interés nacional de clase está unificado bajo un solo código de leyes
şi acest interes naţional de clasă este unificat sub un singur cod de legi
la burguesía ha logrado mucho durante su gobierno de apenas cien años
burghezia a realizat multe în timpul guvernării sale de abia o sută de ani
fuerzas productivas más masivas y colosales que todas las generaciones precedentes juntas
forţe de producţie mai masive şi colosale decât toate generaţiile anterioare împreună
Las fuerzas de la naturaleza están subyugadas a la voluntad del hombre y su maquinaria
Forţele naturii sunt subjugate voinţei omului şi maşinăriei sale
La química se aplica a todas las formas de industria y tipos de agricultura
Chimia este aplicată tuturor formelor de industrie şi tipurilor de agricultură
la navegación a vapor, los ferrocarriles, los telégrafos eléctricos y la imprenta

navigație cu aburi, căi ferate, telegrafe electrice și tiparniță
desbroce de continentes enteros para el cultivo, canalización de ríos
defrișarea continentelor întregi pentru cultivare, canalizarea râurilor
Poblaciones enteras han sido sacadas de la tierra y puestas a trabajar
populații întregi au fost scoase din pământ și puse la lucru
¿Qué siglo anterior tuvo siquiera un presentimiento de lo que podría desencadenarse?
Ce secol anterior a avut măcar o presimțire a ceea ce ar putea fi dezlănțuit?
¿Quién predijo que tales fuerzas productivas dormitaban en el regazo del trabajo social?
Cine a prezis că astfel de forțe productive dorm în poala muncii sociale?
Vemos, pues, que los medios de producción y de intercambio se generaban en la sociedad feudal
vedem atunci că mijloacele de producție și de schimb au fost generate în societatea feudală
los medios de producción sobre cuyos cimientos se construyó la burguesía
mijloacele de producție pe temelia cărora s-a construit burghezia
En una determinada etapa del desarrollo de estos medios de producción y de intercambio
La un anumit stadiu al dezvoltării acestor mijloace de producție și de schimb
las condiciones bajo las cuales la sociedad feudal producía e intercambiaba
condițiile în care societatea feudală a produs și a făcut schimb
La organización feudal de la agricultura y la industria manufacturera
Organizația feudală a agriculturii și industriei prelucrătoare
Las relaciones feudales de propiedad ya no eran compatibles con las condiciones materiales

relațiile feudale de proprietate nu mai erau compatibile cu
condițiile materiale
**Tuvieron que ser reventados en pedazos, por lo que fueron
reventados en pedazos**
Au trebuit să fie sparte în bucăți, așa că au fost rupte în bucăți
**En su lugar entró la libre competencia de las fuerzas
productivas**
În locul lor a pășit concurența liberă din partea forțelor
productive
**y fueron acompañadas de una constitución social y política
adaptada a ella**
și au fost însoțite de o constituție socială și politică adaptată
acesteia
**y fue acompañado por el dominio económico y político de la
burguesía**
și a fost însoțit de influența economică și politică a clasei
burgheze
**Un movimiento similar está ocurriendo ante nuestros
propios ojos**
O mișcare similară se întâmplă sub ochii noștri
**La sociedad burguesa moderna con sus relaciones de
producción, de intercambio y de propiedad**
Societatea burgheză modernă cu relațiile sale de producție, de
schimb și de proprietate
**una sociedad que ha conjurado medios de producción y de
intercambio tan gigantescos**
o societate care a creat mijloace de producție și de schimb atât
de gigantice
**Es como el hechicero que invocó los poderes del mundo
inferior**
Este ca vrăjitorul care a chemat puterile lumii inferioare
Pero ya no es capaz de controlar lo que ha traído al mundo
Dar nu mai este capabil să controleze ceea ce a adus în lume
**Durante muchas décadas, la historia pasada estuvo unida
por un hilo conductor**

Timp de mai multe decenii, istoria trecută a fost legată de un fir comun

La historia de la industria y del comercio no ha sido más que la historia de las revueltas

istoria industriei și a comerțului nu a fost decât istoria revoltelor

las revueltas de las fuerzas productivas modernas contra las condiciones modernas de producción

revoltele forțelor de producție moderne împotriva condițiilor moderne de producție

Las revueltas de las fuerzas productivas modernas contra las relaciones de propiedad

revoltele forțelor de producție moderne împotriva relațiilor de proprietate

estas relaciones de propiedad son las condiciones para la existencia de la burguesía

aceste relații de proprietate sunt condițiile existenței burgheziei

y la existencia de la burguesía determina las reglas de las relaciones de propiedad

iar existența burgheziei determină regulile pentru relațiile de proprietate

Baste mencionar el retorno periódico de las crisis comerciales

Este suficient să menționăm revenirea periodică a crizelor comerciale

cada crisis comercial es más amenazante para la sociedad burguesa que la anterior

fiecare criză comercială este mai amenințătoare pentru societatea burgheză decât ultima

En estas crisis se destruye gran parte de los productos existentes

În aceste crize o mare parte din produsele existente sunt distruse

Pero estas crisis también destruyen las fuerzas productivas previamente creadas

Dar aceste crize distrug și forțele de producție create anterior

En todas las épocas anteriores, estas epidemias habrían parecido un absurdo

În toate epocile anterioare, aceste epidemii ar fi părut o absurditate

porque estas epidemias son las crisis comerciales de la sobreproducción

pentru că aceste epidemii sunt crizele comerciale ale supraproducției

De repente, la sociedad se encuentra de nuevo en un estado de barbarie momentánea

Societatea se trezește brusc înapoi într-o stare de barbarie de moment

como si una guerra universal de devastación hubiera cortado todos los medios de subsistencia

ca și cum un război universal de devastare ar fi tăiat orice mijloace de subzistență

la industria y el comercio parecen haber sido destruidos; ¿Y por qué?

industria și comerțul par să fi fost distruse; Și de ce?

Porque hay demasiada civilización y medios de subsistencia

Pentru că există prea multă civilizație și mijloace de subzistență

y porque hay demasiada industria y demasiado comercio

și pentru că există prea multă industrie și prea mult comerț

Las fuerzas productivas a disposición de la sociedad ya no desarrollan la propiedad burguesa

Forțele de producție de care dispune societatea nu mai dezvoltă proprietatea burgheză

por el contrario, se han vuelto demasiado poderosos para estas condiciones, por las cuales están encadenados

dimpotrivă, au devenit prea puternici pentru aceste condiții, prin care sunt înlănțuiți

tan pronto como superan estas cadenas, traen el desorden a toda la sociedad burguesa

de îndată ce depășesc aceste cătușe, aduc dezordine în
întreaga societate burgheză

**y las fuerzas productivas ponen en peligro la existencia de la
propiedad burguesa**

iar forțele de producție pun în pericol existența proprietății
burgheze

**Las condiciones de la sociedad burguesa son demasiado
estrechas para abarcar la riqueza creada por ellas**

Condițiile societății burgheze sunt prea înguste pentru a
cuprinde bogăția creată de ele

¿Y cómo supera la burguesía estas crisis?

Și cum trece burghezia peste aceste crize?

**Por un lado, supera estas crisis mediante la destrucción
forzada de una masa de fuerzas productivas**

Pe de o parte, depășește aceste crize prin distrugerea forțată a
unei mase de forțe productive

**por otro lado, supera estas crisis mediante la conquista de
nuevos mercados**

pe de altă parte, depășește aceste crize prin cucerirea de noi
piețe

**y supera estas crisis mediante la explotación más completa
de las viejas fuerzas productivas**

și depășește aceste crize prin exploatarea mai profundă a
vechilor forțe de producție

**Es decir, allanando el camino para crisis más extensas y
destructivas**

Cu alte cuvinte, deschizând calea pentru crize mai extinse și
mai distructive

**supera la crisis disminuyendo los medios para prevenir las
crisis**

ea depășește criza prin diminuarea mijloacelor prin care sunt
prevenite crizele

**Las armas con las que la burguesía derribó el feudalismo se
vuelven ahora contra sí misma**

Armele cu care burghezia a doborât feudalismul sunt acum
întoarse împotriva ei însăși

Pero la burguesía no sólo ha forjado las armas que le dan la muerte
Dar nu numai că burghezia a forjat armele care îşi aduc moartea
También ha llamado a la existencia a los hombres que han de empuñar esas armas
De asemenea, i-a chemat la existenţă pe oamenii care urmau să mânuiască acele arme
Y estos hombres son la clase obrera moderna; Son los proletarios
şi aceşti oameni sunt clasa muncitoare modernă; ei sunt proletarii
En la misma proporción en que se desarrolla la burguesía, en la misma proporción se desarrolla el proletariado
În măsura în care burghezia este dezvoltată, în aceeaşi proporţie se dezvoltă proletariatul
La clase obrera moderna desarrolló una clase de trabajadores
clasa muncitoare modernă a dezvoltat o clasă de muncitori
Esta clase de obreros vive sólo mientras encuentran trabajo
Această clasă de muncitori trăieşte doar atâta timp cât îşi găsesc de lucru
y sólo encuentran trabajo mientras su trabajo aumenta el capital
şi îşi găsesc de lucru numai atâta timp cât munca lor creşte capitalul
Estos obreros, que deben venderse a destajo, son una mercancía
Aceşti muncitori, care trebuie să se vândă pe bucăţi, sunt o marfă
Estos obreros son como cualquier otro artículo de comercio
aceşti muncitori sunt ca orice alt articol de comerţ
y, en consecuencia, están expuestos a todas las vicisitudes de la competencia
şi, în consecinţă, sunt expuşi la toate vicisitudinile concurenţei
Tienen que capear todas las fluctuaciones del mercado
trebuie să facă faţă tuturor fluctuaţiilor pieţei

Debido al uso extensivo de maquinaria y a la división del trabajo

Datorită utilizării pe scară largă a maşinilor şi diviziunii muncii

El trabajo de los proletarios ha perdido todo carácter individual

Munca proletarilor şi-a pierdut orice caracter individual

y, en consecuencia, el trabajo de los proletarios ha perdido todo encanto para el obrero

şi, în consecinţă, munca proletarilor şi-a pierdut tot farmecul pentru muncitor

Se convierte en un apéndice de la máquina, en lugar del hombre que una vez fue

El devine un apendice al maşinii, mai degrabă decât omul care a fost cândva

Sólo se requiere de él la habilidad más simple, monótona y más fácil de adquirir

Numai cel mai simplu, monoton şi cel mai uşor de dobândit este necesar de la el

Por lo tanto, el costo de producción de un trabajador está restringido

Prin urmare, costul de producţie al unui muncitor este restricţionat

se restringe casi por completo a los medios de subsistencia que necesita para su manutención

este limitată aproape în întregime la mijloacele de subzistenţă de care are nevoie pentru întreţinerea sa

y se restringe a los medios de subsistencia que necesita para la propagación de su raza

şi este limitat la mijloacele de subzistenţă de care are nevoie pentru propagarea rasei sale

Pero el precio de una mercancía, y por lo tanto también del trabajo, es igual a su costo de producción

Dar preţul unei mărfuri şi, prin urmare, şi al muncii, este egal cu costul său de producţie

Por lo tanto, a medida que aumenta la repulsividad del trabajo, disminuye el salario

Prin urmare, în măsura în care respingerea muncii creşte, salariul scade

Es más, la repulsión de su obra aumenta a un ritmo aún mayor

Ba mai mult, respingerea operei sale creşte într-un ritm şi mai mare

A medida que aumenta el uso de maquinaria y la división del trabajo, también lo hace la carga del trabajo

Pe măsură ce utilizarea maşinilor şi diviziunea muncii creşte, creşte şi povara muncii

La carga del trabajo se incrementa con la prolongación de las horas de trabajo

povara muncii este sporită prin prelungirea orelor de lucru

Se espera más del obrero en el mismo tiempo que antes

se aşteaptă mai mult de la muncitor în acelaşi timp ca înainte

Y, por supuesto, la carga del trabajo aumenta por la velocidad de la maquinaria

şi, desigur, povara muncii este crescută de viteza maşinilor

La industria moderna ha convertido el pequeño taller del amo patriarcal en la gran fábrica del capitalista industrial

Industria modernă a transformat micul atelier al stăpânului patriarhal în marea fabrică a capitalistului industrial

Las masas de obreros, hacinados en la fábrica, están organizadas como soldados

Masele de muncitori, înghesuite în fabrică, sunt organizate ca nişte soldaţi

Como soldados rasos del ejército industrial están bajo el mando de una jerarquía perfecta de oficiales y sargentos

Ca soldaţi ai armatei industriale, ei sunt plasaţi sub comanda unei ierarhii perfecte de ofiţeri şi sergenţi

no sólo son esclavos de la burguesía y del Estado

ei nu sunt doar sclavii burgheziei, clasei şi statului

pero también son esclavizados diariamente y cada hora por la máquina

dar sunt și sclavi zilnic și din oră în oră de mașină
están esclavizados por el vigilante y, sobre todo, por el propio fabricante burgués
ele sunt înrobite de privitor și, mai presus de toate, de însuși burghezia însuși
Cuanto más abiertamente proclama este despotismo que la ganancia es su fin y su fin, tanto más mezquino, más odioso y más amargo es
Cu cât acest despotism proclamă mai deschis că câștigul este scopul și scopul său, cu atât este mai meschin, mai urât și mai amar
Cuanto más se desarrolla la industria moderna, menores son las diferencias entre los sexos
Cu cât industria modernă se dezvoltă, cu atât diferențele dintre sexe sunt mai mici
Cuanto menor es la habilidad y el ejercicio de la fuerza implícitos en el trabajo manual, tanto más el trabajo de los hombres es reemplazado por el de las mujeres
Cu cât munca manuală este mai puțină îndemânarea și forța implicată, cu atât munca bărbaților este mai mult înlocuită de cea a femeilor
Las diferencias de edad y sexo ya no tienen ninguna validez social distintiva para la clase obrera
Diferențele de vârstă și sex nu mai au nicio validitate socială distinctivă pentru clasa muncitoare
Todos son instrumentos de trabajo, más o menos costosos de usar, según su edad y sexo
Toate sunt instrumente de muncă, mai mult sau mai puțin costisitoare de utilizat, în funcție de vârstă și sex
tan pronto como el obrero recibe su salario en efectivo, es atacado por las otras partes de la burguesía
de îndată ce muncitorul își primește salariul în numerar, atunci este atacat de celelalte părți ale burgheziei
el propietario, el tendero, el prestamista, etc
proprietarul, negustorul, amanetul etc

Los estratos más bajos de la clase media; los pequeños comerciantes y tenderos
Păturile inferioare ale clasei de mijloc; Micii meseriași și comercianții
los comerciantes jubilados en general, y los artesanos y campesinos
comercianții pensionați în general, meșteșugarii și țăranii
todo esto se hunde poco a poco en el proletariado
toate acestea se scufundă treptat în proletariat
en parte porque su minúsculo capital no basta para la escala en que se desarrolla la industria moderna
parțial pentru că capitalul lor redus nu este suficient pentru amploarea pe care se desfășoară industria modernă
y porque está inundada en la competencia con los grandes capitalistas
și pentru că este copleșit în competiția cu marii capitaliști
en parte porque sus habilidades especializadas se vuelven inútiles por los nuevos métodos de producción
în parte pentru că priceperea lor specializată este făcută fără valoare de noile metode de producție
De este modo, el proletariado es reclutado entre todas las clases de la población
Astfel, proletariatul este recrutat din toate clasele populației
El proletariado pasa por varias etapas de desarrollo
Proletariatul trece prin diferite stadii de dezvoltare
Con su nacimiento comienza su lucha con la burguesía
Odată cu nașterea ei începe lupta cu burghezia
Al principio, la contienda es llevada a cabo por trabajadores individuales
La început, concursul este purtat de muncitori individuali
Entonces el concurso es llevado a cabo por los obreros de una fábrica
apoi concursul este continuat de muncitorii unei fabrici
Entonces la contienda es llevada a cabo por los operarios de un oficio, en una localidad

apoi lupta este purtată de lucrătorii unei meserii, într-o localitate

y la contienda es entonces contra la burguesía individual que los explota directamente

iar lupta este atunci împotriva burgheziei individuale care îi exploatează direct

No dirigen sus ataques contra las condiciones de producción de la burguesía

Ei își direcționează atacurile nu împotriva condițiilor de producție ale burgheziei

pero dirigen su ataque contra los propios instrumentos de producción

dar își îndreaptă atacul împotriva instrumentelor de producție însele

destruyen mercancías importadas que compiten con su mano de obra

distrug mărfurile importate care concurează cu forța lor de muncă

Hacen pedazos la maquinaria y prenden fuego a las fábricas

sparg în bucăți mașini și dau foc fabricilor

tratan de restaurar por la fuerza el estado desaparecido del obrero de la Edad Media

ei caută să restabilească prin forță statutul dispărut al muncitorului din Evul Mediu

En esta etapa, los obreros forman todavía una masa incoherente dispersa por todo el país

În acest stadiu, muncitorii încă formează o masă incoerentă împrăștiată în întreaga țară

y se rompen por su mutua competencia

și sunt despărțiți de competiția lor reciprocă

Si en alguna parte se unen para formar cuerpos más compactos, esto no es todavía la consecuencia de su propia unión activa

Dacă undeva se unesc pentru a forma corpuri mai compacte, aceasta nu este încă consecința propriei lor uniuni active

pero es una consecuencia de la unión de la burguesía, para alcanzar sus propios fines políticos
dar este o consecință a unirii burgheziei, pentru a-și atinge propriile scopuri politice
la burguesía se ve obligada a poner en movimiento a todo el proletariado
burghezia este obligată să pună în mișcare întregul proletariat
y además, por un momento, la burguesía es capaz de hacerlo
și, mai mult, pentru o vreme, burghezia este capabilă să facă acest lucru
Por lo tanto, en esta etapa, los proletarios no luchan contra sus enemigos
Prin urmare, în acest stadiu, proletarii nu se luptă cu dușmanii lor
sino que están luchando contra los enemigos de sus enemigos
dar în schimb se luptă cu dușmanii dușmanilor lor
la lucha contra los restos de la monarquía absoluta y los terratenientes
lupta cu rămășițele monarhiei absolute și cu proprietarii de pământ
luchan contra la burguesía no industrial; la pequeña burguesía
luptă împotriva burgheziei non-industriale; mica burghezie
De este modo, todo el movimiento histórico se concentra en manos de la burguesía
Astfel, întreaga mișcare istorică este concentrată în mâinile burgheziei
cada victoria así obtenida es una victoria para la burguesía
fiecare victorie astfel obținută este o victorie pentru burghezie
Pero con el desarrollo de la industria, el proletariado no sólo aumenta en número
Dar odată cu dezvoltarea industriei, proletariatul nu numai că crește în număr
el proletariado se concentra en grandes masas y su fuerza crece

proletariatul se concentrează în mase mai mari și puterea sa
crește
y el proletariado siente cada vez más esa fuerza
iar proletariatul simte această putere din ce în ce mai mult
Los diversos intereses y condiciones de vida en las filas del
proletariado se igualan cada vez más
Diferitele interese și condiții de viață în rândurile
proletariatului sunt din ce în ce mai egale
se vuelven más proporcionales a medida que la maquinaria
borra todas las distinciones de trabajo
ele devin din ce în ce mai proporționale pe măsură ce mașinile
șterg toate distincțiile de muncă
y la maquinaria reduce los salarios al mismo nivel bajo en
casi todas partes
iar utilajele aproape pretutindeni reduc salariile la același
nivel scăzut
La creciente competencia entre la burguesía, y las crisis
comerciales resultantes, hacen que los salarios de los obreros
sean cada vez más fluctuantes
Concurența crescândă între burghezie și crizele comerciale
care au rezultat fac ca salariile muncitorilor să fie din ce în ce
mai fluctuante
La mejora incesante de la maquinaria, que se desarrolla cada
vez más rápidamente, hace que sus medios de vida sean cada
vez más precarios
Perfecționarea neîncetată a mașinilor, care se dezvoltă din ce
în ce mai rapid, face ca mijloacele lor de trai să fie din ce în ce
mai precare
los choques entre obreros individuales y burgueses
individuales toman cada vez más el carácter de choques
entre dos clases
ciocnirile dintre muncitorii individuali și burghezia
individuală caprind din ce în ce mai mult caracterul de
ciocnire între două clase
A partir de ese momento, los obreros comienzan a formar
uniones (sindicatos) contra la burguesía

Atunci muncitorii încep să formeze combinații (sindicate) împotriva burgheziei

se agrupan para mantener el ritmo de los salarios

Ei se unesc pentru a menține rata salariilor

Fundaron asociaciones permanentes para hacer frente de antemano a estas revueltas ocasionales

au găsit asociații permanente pentru a lua măsuri prealabile pentru aceste revolte ocazionale

Aquí y allá la contienda estalla en disturbios

Ici și colo concursul izbucnește în revolte

De vez en cuando los obreros salen victoriosos, pero sólo por un tiempo

Din când în când, muncitorii sunt victorioși, dar numai pentru o vreme

El verdadero fruto de sus batallas no reside en el resultado inmediato, sino en la unión cada vez mayor de los trabajadores

Adevăratul rod al bătăliilor lor nu constă în rezultatul imediat, ci în uniunea în continuă expansiune a muncitorilor

Esta unión se ve favorecida por la mejora de los medios de comunicación creados por la industria moderna

Această uniune este ajutată de mijloacele de comunicare îmbunătățite create de industria modernă

La comunicación moderna pone en contacto a los trabajadores de diferentes localidades

Comunicarea modernă pune în contact lucrătorii din diferite localități

Era precisamente este contacto el que se necesitaba para centralizar las numerosas luchas locales en una lucha nacional entre clases

Tocmai acest contact a fost necesar pentru a centraliza numeroasele lupte locale într-o singură luptă națională între clase

Todas estas luchas tienen el mismo carácter, y toda lucha de clases es una lucha política

Toate aceste lupte sunt de același caracter și fiecare luptă de clasă este o luptă politică

los burgueses de la Edad Media, con sus miserables carreteras, necesitaron siglos para formar sus uniones

burghezii din Evul Mediu, cu autostrăzile lor mizerabile, au avut nevoie de secole pentru a-și forma uniunile

Los proletarios modernos, gracias a los ferrocarriles, logran sus sindicatos en pocos años

proletarii moderni, datorită căilor ferate, își realizează uniunile în câțiva ani

Esta organización de los proletarios en una clase los formó, por consiguiente, en un partido político

Această organizare a proletarilor într-o clasă i-a transformat, în consecință, într-un partid politic

La clase política se ve continuamente molesta por la competencia entre los propios trabajadores

clasa politică este din nou supărată de competiția dintre muncitori înșiși

Pero la clase política sigue levantándose de nuevo, más fuerte, más firme, más poderosa

Dar clasa politică continuă să se ridice din nou, mai puternică, mai fermă, mai puternică

Obliga al reconocimiento legislativo de los intereses particulares de los trabajadores

Aceasta impune recunoașterea legislativă a intereselor specifice ale lucrătorilor

lo hace aprovechándose de las divisiones en el seno de la propia burguesía

face acest lucru profitând de diviziunile din cadrul burgheziei însăși

De este modo, el proyecto de ley de las diez horas en Inglaterra se convirtió en ley

Astfel, proiectul de lege de zece ore din Anglia a fost pus în lege

en muchos sentidos, las colisiones entre las clases de la vieja sociedad son, además, el curso del desarrollo del proletariado

în multe privințe, ciocnirea dintre clasele vechii societăți este și mai departe cursul dezvoltării proletariatului

La burguesía se ve envuelta en una batalla constante

Burghezia se află implicată într-o luptă constantă

Al principio se verá envuelto en una batalla constante con la aristocracia

La început se va trezi implicat într-o luptă constantă cu aristocrația

más tarde se verá envuelta en una batalla constante con esas partes de la propia burguesía

mai târziu se va trezi implicat într-o luptă constantă cu acele părți ale burgheziei însăși

y sus intereses se habrán vuelto antagónicos al progreso de la industria

iar interesele lor vor fi devenit antagoniste progresului industriei

en todo momento, sus intereses se habrán vuelto antagónicos con la burguesía de los países extranjeros

în orice moment, interesele lor vor fi devenit antagoniste cu burghezia țărilor străine

En todas estas batallas se ve obligado a apelar al proletariado y pide su ayuda

În toate aceste bătălii se vede obligat să facă apel la proletariat și îi cere ajutorul

y, por lo tanto, se sentirá obligado a arrastrarlo a la arena política

și astfel, se va simți obligat să-l tragă în arena politică

La burguesía misma, por lo tanto, suministra al proletariado sus propios instrumentos de educación política y general

Prin urmare, burghezia însăși furnizează proletariatului propriile instrumente de educație politică și generală

en otras palabras, suministra al proletariado armas para luchar contra la burguesía

cu alte cuvinte, ea furnizează proletariatului arme pentru a lupta împotriva burgheziei

Además, como ya hemos visto, sectores enteros de las clases dominantes se precipitan en el proletariado

Mai mult, după cum am văzut deja, secțiuni întregi ale claselor conducătoare sunt precipitate în proletariat

el avance de la industria los absorbe en el proletariado

avansul industriei îi absoarbe în proletariat

o, al menos, están amenazados en sus condiciones de existencia

sau, cel puțin, sunt amenințate în condițiile lor de existență

Estos también suministran al proletariado nuevos elementos de ilustración y progreso

Acestea furnizează, de asemenea, proletariatului elemente noi de iluminare și progres

Finalmente, en momentos en que la lucha de clases se acerca a la hora decisiva

În sfârșit, în vremuri în care lupta de clasă se apropie de ora decisivă

el proceso de disolución que se está llevando a cabo en el seno de la clase dominante

procesul de dizolvare care se desfășoară în cadrul clasei conducătoare

De hecho, la disolución que se está produciendo en el seno de la clase dominante se sentirá en toda la sociedad

de fapt, dizolvarea care are loc în cadrul clasei conducătoare va fi resimțită în întreaga gamă a societății

Tomará un carácter tan violento y deslumbrante, que un pequeño sector de la clase dominante se quedará a la deriva

va căpăta un caracter atât de violent și de evident, încât o mică parte a clasei conducătoare se lasă în derivă

y esa clase dominante se unirá a la clase revolucionaria

și că clasa conducătoare se va alătura clasei revoluționare

La clase revolucionaria es la clase que tiene el futuro en sus manos

clasa revoluționară fiind clasa care deține viitorul în mâinile sale

Al igual que en un período anterior, una parte de la nobleza se pasó a la burguesía

La fel ca într-o perioadă anterioară, o parte a nobilimii a trecut la burghezie

de la misma manera que una parte de la burguesía se pasará al proletariado

în același mod în care o parte a burgheziei va trece la proletariat

en particular, una parte de la burguesía pasará a una parte de los ideólogos de la burguesía

în special, o parte din burghezie va trece la o parte din ideologii burgheziei

Ideólogos burgueses que se han elevado al nivel de comprender teóricamente el movimiento histórico en su conjunto

Ideologii burghezi care s-au ridicat la nivelul înțelegerii teoretice a mișcării istorice în ansamblu

De todas las clases que hoy se encuentran frente a frente con la burguesía, sólo el proletariado es una clase realmente revolucionaria

Dintre toate clasele care se află astăzi față în față cu burghezia, numai proletariatul este o clasă cu adevărat revoluționară

Las otras clases decaen y finalmente desaparecen frente a la industria moderna

Celelalte clase se descompun și dispar în cele din urmă în fața industriei moderne

el proletariado es su producto especial y esencial

Proletariatul este produsul său special și esențial

La clase media baja, el pequeño fabricante, el tendero, el artesano, el campesino

Clasa de mijloc inferioară, micul fabricant, negustorul, meșteșugarul, țăranul

todos ellos luchan contra la burguesía

toate acestea luptă împotriva burgheziei

Luchan como fracciones de la clase media para salvarse de la extinción
ei luptă ca fracțiuni ale clasei de mijloc pentru a se salva de la dispariție
Por lo tanto, no son revolucionarios, sino conservadores
Prin urmare, ei nu sunt revoluționari, ci conservatori
Más aún, son reaccionarios, porque tratan de hacer retroceder la rueda de la historia
Ba mai mult, ei sunt reacționari, pentru că încearcă să dea înapoi roata istoriei
Si por casualidad son revolucionarios, lo son sólo en vista de su inminente transferencia al proletariado
Dacă din întâmplare sunt revoluționari, sunt revoluționari numai în vederea transferului lor iminent în proletariat
Por lo tanto, no defienden sus intereses presentes, sino sus intereses futuros
Astfel, ei își apără nu interesele prezente, ci viitoare
abandonan su propio punto de vista para situarse en el del proletariado
ei își părăsesc propriul punct de vedere pentru a se plasa la cel al proletariatului
La "clase peligrosa", la escoria social, esa masa pasivamente putrefacta arrojada por las capas más bajas de la vieja sociedad
"Clasa periculoasă", gunoiul social, acea masă putrezită pasiv aruncată de straturile de jos ale vechii societăți
pueden, aquí y allá, ser arrastrados al movimiento por una revolución proletaria
ei pot, ici și colo, să fie atrași în mișcare de o revoluție proletară
Sus condiciones de vida, sin embargo, la preparan mucho más para el papel de un instrumento sobornado de la intriga reaccionaria
Condițiile sale de viață, totuși, îl pregătesc mult mai mult pentru rolul unui instrument mituit al intrigilor reacționare

En las condiciones del proletariado, los de la vieja sociedad en general están ya virtualmente desbordados
În condițiile proletariatului, cele ale vechii societăți în general sunt deja practic copleșite
El proletario carece de propiedad
Proletarul este fără proprietate
su relación con su mujer y sus hijos ya no tiene nada en común con las relaciones familiares de la burguesía
relația sa cu soția și copiii săi nu mai are nimic în comun cu relațiile de familie ale burgheziei
el trabajo industrial moderno, el sometimiento moderno al capital, lo mismo en Inglaterra que en Francia, en Estados Unidos como en Alemania
munca industrială modernă, supunerea modernă față de capital, la fel în Anglia ca și în Franța, în America ca și în Germania
Su condición en la sociedad lo ha despojado de todo rastro de carácter nacional
Condiția sa în societate l-a dezbrăcat de orice urmă de caracter național
El derecho, la moral, la religión, son para él otros tantos prejuicios burgueses
Legea, moralitatea, religia sunt pentru el atâtea prejudecăți burgheze
y detrás de estos prejuicios acechan emboscados otros tantos intereses burgueses
și în spatele acestor prejudecăți se ascund în ambuscadă la fel de multe interese burgheze
Todas las clases precedentes que se impusieron trataron de fortalecer su estatus ya adquirido
Toate clasele anterioare care au obținut avantajul au căutat să-și întărească statutul deja dobândit
Lo hicieron sometiendo a la sociedad en general a sus condiciones de apropiación
au făcut acest lucru supunând societatea în general condițiilor lor de însușire

Los proletarios no pueden llegar a ser dueños de las fuerzas productivas de la sociedad

Proletarii nu pot deveni stăpâni ai forțelor de producție ale societății

sólo puede hacerlo aboliendo su propio modo anterior de apropiación

poate face acest lucru doar prin abolirea propriului mod anterior de însușire

y, por lo tanto, también suprime cualquier otro modo anterior de apropiación

și, prin urmare, desființează și orice alt mod anterior de însușire

No tienen nada propio que asegurar y fortificar

Ei nu au nimic propriu de asigurat și de întărit

Su misión es destruir todos los valores y seguros anteriores de la propiedad individual

misiunea lor este de a distruge toate titlurile de valoare anterioare și asigurările proprietății individuale

Todos los movimientos históricos anteriores fueron movimientos de minorías

Toate mișcările istorice anterioare au fost mișcări ale minorităților

o eran movimientos en interés de las minorías

sau erau mișcări în interesul minorităților

El movimiento proletario es el movimiento consciente e independiente de la inmensa mayoría

Mișcarea proletară este mișcarea independentă și conștientă de sine a imensei majorități

Y es un movimiento en interés de la inmensa mayoría

și este o mișcare în interesul imensei majorități

El proletariado, el estrato más bajo de nuestra sociedad actual

Proletariatul, stratul cel mai de jos al societății noastre actuale

no puede agitarse ni elevarse sin que todos los estratos superiores de la sociedad oficial salgan al aire

nu se poate mişca sau ridica fără ca toate păturile superioare
ale societăţii oficiale să fie ridicate în aer
**Aunque no en el fondo, sí en la forma, la lucha del
proletariado con la burguesía es, al principio, una lucha
nacional**
Deşi nu în substanţă, dar în formă, lupta proletariatului cu
burghezia este la început o luptă naţională
**El proletariado de cada país debe, por supuesto, en primer
lugar arreglar las cosas con su propia burguesía**
Proletariatul fiecărei ţări trebuie, desigur, să rezolve mai întâi
de toate problemele cu propria sa burghezie
**Al describir las fases más generales del desarrollo del
proletariado, hemos trazado la guerra civil más o menos
velada**
Descriind cele mai generale faze ale dezvoltării proletariatului,
am urmărit războiul civil mai mult sau mai puţin voalat
**Este civil está haciendo estragos dentro de la sociedad
existente**
Acest civil face ravagii în societatea existentă
**Se enfurecerá hasta el punto en que esa guerra estalle en una
revolución abierta**
se va dezlănţui până la punctul în care războiul va izbucni
într-o revoluţie deschisă
**y luego el derrocamiento violento de la burguesía sienta las
bases para el dominio del proletariado**
şi apoi răsturnarea violentă a burgheziei pune bazele
dominaţiei proletariatului
**Hasta ahora, todas las formas de sociedad se han basado,
como ya hemos visto, en el antagonismo de las clases
opresoras y oprimidas**
Până acum, fiecare formă de societate s-a bazat, aşa cum am
văzut deja, pe antagonismul claselor opresive şi oprimate
**Pero para oprimir a una clase, hay que asegurarle ciertas
condiciones**
Dar pentru a asupri o clasă, trebuie asigurate anumite condiţii

La clase debe ser mantenida en condiciones en las que pueda, por lo menos, continuar su existencia servil

clasa trebuie păstrată în condiții în care să poată, cel puțin, să-și continue existența sclavă

El siervo, en el período de la servidumbre, se elevaba a la comuna

Iobagul, în perioada iobăgiei, s-a ridicat ca membru al comunei

del mismo modo que la pequeña burguesía, bajo el yugo del absolutismo feudal, logró convertirse en burguesía

la fel cum mica burghezie, sub jugul absolutismului feudal, a reușit să se dezvolte într-o burghezie

El obrero moderno, por el contrario, en lugar de elevarse con el progreso de la industria, se hunde cada vez más

Muncitorul modern, dimpotrivă, în loc să se ridice odată cu progresul industriei, se scufundă din ce în ce mai adânc

se hunde por debajo de las condiciones de existencia de su propia clase

el se scufundă sub condițiile de existență ale propriei sale clase

Se convierte en un indigente, y el pauperismo se desarrolla más rápidamente que la población y la riqueza

El devine un sărac, iar sărăcia se dezvoltă mai repede decât populația și bogăția

Y aquí se hace evidente que la burguesía ya no es apta para ser la clase dominante de la sociedad

Și aici devine evident că burghezia nu mai este potrivită pentru a fi clasa conducătoare în societate

y no es apta para imponer sus condiciones de existencia a la sociedad como una ley imperativa

și nu este potrivit să-și impună condițiile de existență asupra societății ca o lege dominantă

Es incapaz de gobernar porque es incapaz de asegurar una existencia a su esclavo dentro de su esclavitud

Este nepotrivit să conducă pentru că este incompetent să-i asigure o existență sclavului său în sclavia sa

porque no puede evitar dejarlo hundirse en tal estado, que tiene que alimentarlo, en lugar de ser alimentado por él

pentru că nu se poate abţine să-l lase să se scufunde într-o astfel de stare, încât trebuie să-l hrănească, în loc să fie hrănit de el

La sociedad ya no puede vivir bajo esta burguesía

Societatea nu mai poate trăi sub această burghezie

En otras palabras, su existencia ya no es compatible con la sociedad

cu alte cuvinte, existenţa sa nu mai este compatibilă cu societatea

La condición esencial para la existencia y el dominio de la burguesía es la formación y el aumento del capital

Condiţia esenţială pentru existenţa şi pentru dominaţia clasei burgheze este formarea şi creşterea capitalului

La condición del capital es el trabajo asalariado

Condiţia capitalului este munca salariată

El trabajo asalariado se basa exclusivamente en la competencia entre los trabajadores

Munca salariată se bazează exclusiv pe concurenţa dintre muncitori

El avance de la industria, cuyo promotor involuntario es la burguesía, sustituye al aislamiento de los obreros

Înaintarea industriei, al cărei promotor involuntar este burghezia, înlocuieşte izolarea muncitorilor

por la competencia, por su combinación revolucionaria, por la asociación

datorită concurenţei, datorită combinaţiei lor revoluţionare, datorită asocierii

El desarrollo de la industria moderna corta bajo sus pies los cimientos mismos sobre los cuales la burguesía produce y se apropia de los productos

Dezvoltarea industriei moderne taie de sub picioarele sale însăşi fundaţia pe care burghezia produce şi îşi însuşeşte produsele

Lo que la burguesía produce, sobre todo, son sus propios sepultureros

Ceea ce produce burghezia, mai presus de toate, sunt proprii săi gropari

La caída de la burguesía y la victoria del proletariado son igualmente inevitables

Căderea burgheziei și victoria proletariatului sunt la fel de inevitabile

Proletarios y comunistas
Proletari şi comunişti

¿Qué relación tienen los comunistas con el conjunto de los proletarios?
În ce relaţie se află comuniştii cu proletarii în ansamblu?

Los comunistas no forman un partido separado opuesto a otros partidos de la clase obrera
Comuniştii nu formează un partid separat opus altor partide muncitoare

No tienen intereses separados y aparte de los del proletariado en su conjunto
Ei nu au interese separate de cele ale proletariatului în ansamblu

No establecen ningún principio sectario propio, con el cual dar forma y moldear el movimiento proletario
Ei nu stabilesc nici un principiu sectar propriu, prin care să modeleze şi să modeleze mişcarea proletară

Los comunistas se distinguen de los demás partidos obreros sólo por dos cosas
Comuniştii se disting de celelalte partide muncitoare doar prin două lucruri

En primer lugar, señalan y ponen en primer plano los intereses comunes de todo el proletariado, independientemente de toda nacionalidad
În primul rând, ele subliniază şi aduc în prim-plan interesele comune ale întregului proletariat, independent de orice naţionalitate

Esto lo hacen en las luchas nacionales de los proletarios de los diferentes países
Acest lucru îl fac în luptele naţionale ale proletarilor din diferite ţări

En segundo lugar, siempre y en todas partes representan los intereses del movimiento en su conjunto
În al doilea rând, ele reprezintă întotdeauna şi pretutindeni interesele mişcării în ansamblu

esto lo hacen en las diversas etapas de desarrollo por las que tiene que pasar la lucha de la clase obrera contra la burguesía

acest lucru îl fac în diferitele stadii de dezvoltare, prin care trebuie să treacă lupta clasei muncitoare împotriva burgheziei

Los comunistas son, por lo tanto, por una parte, prácticamente, el sector más avanzado y resuelto de los partidos obreros de todos los países

Prin urmare, comuniştii sunt, pe de o parte, practic, cea mai avansată şi hotărâtă secţiune a partidelor muncitoare din fiecare ţară

Son ese sector de la clase obrera que empuja hacia adelante a todos los demás

ei sunt acea secţiune a clasei muncitoare care îi împinge înainte pe toţi ceilalţi

Teóricamente, también tienen la ventaja de entender claramente la línea de marcha

Teoretic, au şi avantajul de a înţelege clar linia de marş

Esto lo comprenden mejor comparado con la gran masa del proletariado

Acest lucru îl înţeleg mai bine în comparaţie cu marea masă a proletariatului

Comprenden las condiciones y los resultados generales finales del movimiento proletario

ei înţeleg condiţiile şi rezultatele generale finale ale mişcării proletare

El objetivo inmediato del comunista es el mismo que el de todos los demás partidos proletarios

Scopul imediat al comunismului este acelaşi cu cel al tuturor celorlalte partide proletare

Su objetivo es la formación del proletariado en una clase

scopul lor este formarea proletariatului într-o clasă

su objetivo es derrocar la supremacía burguesa

ei urmăresc să răstoarne supremaţia burgheziei

la lucha por la conquista del poder político por el proletariado

lupta pentru cucerirea puterii politice de către proletariat

Las conclusiones teóricas de los comunistas no se basan en modo alguno en ideas o principios de reformadores

Concluziile teoretice ale comuniștilor nu se bazează în niciun fel pe idei sau principii ale reformatorilor

no fueron los aspirantes a reformadores universales los que inventaron o descubrieron las conclusiones teóricas de los comunistas

nu au fost potențialii reformatori universali care au inventat sau au descoperit concluziile teoretice ale comuniștilor

Se limitan a expresar, en términos generales, las relaciones reales que surgen de una lucha de clases existente

Ele doar exprimă, în termeni generali, relații reale care izvorăsc dintr-o luptă de clasă existentă

Y describen el movimiento histórico que está ocurriendo ante nuestros propios ojos y que ha creado esta lucha de clases

și descriu mișcarea istorică care se desfășoară sub ochii noștri și care a creat această luptă de clasă

La abolición de las relaciones de propiedad existentes no es en absoluto un rasgo distintivo del comunismo

Abolirea relațiilor de proprietate existente nu este deloc o trăsătură distinctivă a comunismului

Todas las relaciones de propiedad en el pasado han estado continuamente sujetas a cambios históricos

Toate relațiile de proprietate din trecut au fost supuse în mod continuu schimbărilor istorice

y estos cambios fueron consecuencia del cambio en las condiciones históricas

și aceste schimbări au fost consecințe ale schimbării condițiilor istorice

La Revolución Francesa, por ejemplo, abolió la propiedad feudal en favor de la propiedad burguesa

Revoluția Franceză, de exemplu, a abolit proprietatea feudală în favoarea proprietății burgheze

El rasgo distintivo del comunismo no es la abolición de la propiedad, en general

Trăsătura distinctivă a comunismului nu este abolirea proprietăţii, în general

pero el rasgo distintivo del comunismo es la abolición de la propiedad burguesa

dar trăsătura distinctivă a comunismului este abolirea proprietăţii burgheze

Pero la propiedad privada de la burguesía moderna es la expresión última y más completa del sistema de producción y apropiación de productos

Dar proprietatea privată a burgheziei moderne este expresia finală şi cea mai completă a sistemului de producţie şi însuşire a produselor

Es el estado final de un sistema que se basa en los antagonismos de clase, donde el antagonismo de clase es la explotación de la mayoría por unos pocos

Este starea finală a unui sistem care se bazează pe antagonisme de clasă, în care antagonismul de clasă este exploatarea celor mulţi de către puţini

En este sentido, la teoría de los comunistas puede resumirse en una sola frase; la abolición de la propiedad privada

În acest sens, teoria comuniştilor poate fi rezumată într-o singură propoziţie; abolirea proprietăţii private

A los comunistas se nos ha reprochado el deseo de abolir el derecho de adquirir personalmente la propiedad

Nouă, comuniştilor, ni s-a reproşat dorinţa de a aboli dreptul de a dobândi personal proprietatea

Se afirma que esta propiedad es el fruto del propio trabajo de un hombre

Se pretinde că această proprietate este rodul muncii unui om

y se alega que esta propiedad es la base de toda libertad, actividad e independencia personal.

şi se presupune că această proprietate este baza oricărei libertăţi, activităţi şi independenţe personale.

"¡Propiedad ganada con esfuerzo, adquirida por uno mismo, ganada por uno mismo!"

"Proprietate câştigată cu greu, auto-dobândită, câştigată de sine!"

¿Te refieres a la propiedad del pequeño artesano y del pequeño campesino?

Te referi la proprietatea micului meşteşugar şi a micului ţăran?

¿Te refieres a una forma de propiedad que precedió a la forma burguesa?

Vrei să spui o formă de proprietate care a precedat forma burgheziei?

No hay necesidad de abolir eso, el desarrollo de la industria ya lo ha destruido en gran medida

Nu este nevoie să abolim acest lucru, dezvoltarea industriei a distrus-o deja în mare măsură

y el desarrollo de la industria sigue destruyéndola diariamente

iar dezvoltarea industriei încă o distruge zilnic

¿O te refieres a la propiedad privada de la burguesía moderna?

Sau vă referiţi la proprietatea privată a burgheziei moderne?

Pero, ¿crea el trabajo asalariado alguna propiedad para el trabajador?

Dar munca salariată creează vreo proprietate pentru muncitor?

¡No, el trabajo asalariado no crea ni una pizca de este tipo de propiedad!

Nu, munca salariată nu creează nici măcar o bucată din acest tip de proprietate!

Lo que sí crea el trabajo asalariado es capital; ese tipo de propiedad que explota el trabajo asalariado

ceea ce creează munca salariată este capitalul; acel tip de proprietate care exploatează munca salariată

El capital no puede aumentar sino a condición de engendrar una nueva oferta de trabajo asalariado para una nueva explotación

capitalul nu poate crește decât cu condiția generării unei noi oferte de muncă salariată pentru o nouă exploatare

La propiedad, en su forma actual, se basa en el antagonismo entre el capital y el trabajo asalariado

Proprietatea, în forma sa actuală, se bazează pe antagonismul dintre capital și munca salariată

Examinemos los dos lados de este antagonismo

Să examinăm ambele părți ale acestui antagonism

Ser capitalista es tener no sólo un estatus puramente personal

A fi capitalist înseamnă a avea nu numai un statut pur personal

En cambio, ser capitalista es también tener un estatus social en la producción

în schimb, a fi capitalist înseamnă și a avea un statut social în producție

porque el capital es un producto colectivo; Sólo mediante la acción unida de muchos miembros puede ponerse en marcha

pentru că capitalul este un produs colectiv; Numai prin acțiunea unită a multor membri poate fi pusă în mișcare

Pero esta acción unida es el último recurso, y en realidad requiere de todos los miembros de la sociedad

Dar această acțiune unită este o ultimă soluție și necesită de fapt toți membrii societății

El capital se convierte en propiedad de todos los miembros de la sociedad

Capitalul este transformat în proprietatea tuturor membrilor societății

pero el Capital no es, por lo tanto, un poder personal; Es un poder social

dar capitalul nu este, prin urmare, o putere personală; este o putere socială

Así, cuando el capital se convierte en propiedad social, la propiedad personal no se transforma en propiedad social
Astfel, atunci când capitalul este transformat în proprietate socială, proprietatea personală nu este transformată în proprietate socială

Lo único que cambia es el carácter social de la propiedad y pierde su carácter de clase
Numai caracterul social al proprietății este schimbat și își pierde caracterul de clasă

Veamos ahora el trabajo asalariado
Să ne uităm acum la munca salariată

El precio medio del trabajo asalariado es el salario mínimo, es decir, la cantidad de medios de subsistencia
Prețul mediu al muncii salariate este salariul minim, adică cuantumul mijloacelor de subzistență

Este salario es absolutamente necesario en la mera existencia de un obrero
Acest salariu este absolut necesar în existența simplă ca muncitor

Por lo tanto, lo que el asalariado se apropia por medio de su trabajo, sólo basta para prolongar y reproducir una existencia desnuda
Prin urmare, ceea ce muncitorul salariat își însușește prin munca sa, este suficient doar pentru a prelungi și a reproduce o existență goală

De ninguna manera pretendemos abolir esta apropiación personal de los productos del trabajo
Nu intenționăm în niciun caz să abolim această însușire personală a produselor muncii

una apropiación que se hace para el mantenimiento y la reproducción de la vida humana
o însușire care este făcută pentru menținerea și reproducerea vieții umane

Tal apropiación personal de los productos del trabajo no deja ningún excedente con el que ordenar el trabajo de otros

O astfel de însușire personală a produselor muncii nu lasă surplus cu care să comande munca altora

Lo único que queremos eliminar es el carácter miserable de esta apropiación

Tot ceea ce vrem să eliminăm este caracterul mizerabil al acestei însușiri

la apropiación bajo la cual vive el obrero sólo para aumentar el capital

însușirea sub care muncitorul trăiește doar pentru a crește capitalul

Sólo se le permite vivir en la medida en que lo exija el interés de la clase dominante

i se permite să trăiască numai în măsura în care interesul clasei conducătoare o cere

En la sociedad burguesa, el trabajo vivo no es más que un medio para aumentar el trabajo acumulado

În societatea burgheză, munca vie nu este decât un mijloc de a crește forța de muncă acumulată

En la sociedad comunista, el trabajo acumulado no es más que un medio para ampliar, para enriquecer y para promover la existencia del obrero

În societatea comunistă, munca acumulată nu este decât un mijloc de lărgire, de îmbogățire, de promovare a existenței muncitorului

En la sociedad burguesa, por lo tanto, el pasado domina al presente

Prin urmare, în societatea burgheză, trecutul domină prezentul

en la sociedad comunista el presente domina al pasado

în societatea comunistă, prezentul domină trecutul

En la sociedad burguesa el capital es independiente y tiene individualidad

În societatea burgheză capitalul este independent și are individualitate

En la sociedad burguesa la persona viva es dependiente y no tiene individualidad

În societatea burgheză persoana vie este dependentă şi nu are individualitate

¡Y la abolición de este estado de cosas es llamada por la burguesía, abolición de la individualidad y de la libertad!

Iar abolirea acestei stări de lucruri este numită de burghezie abolirea individualității şi a libertății!

¡Y con razón se llama la abolición de la individualidad y de la libertad!

Şi se numeşte pe bună dreptate abolirea individualității şi a libertății!

El comunismo aspira a la abolición de la individualidad burguesa

Comunismul urmăreşte abolirea individualității burgheziei

El comunismo pretende la abolición de la independencia burguesa

Comunismul intenționează abolirea independenței burgheziei

La libertad burguesa es, sin duda, a lo que aspira el comunismo

Libertatea burgheziei este, fără îndoială, ceea ce urmăreşte comunismul

en las actuales condiciones de producción de la burguesía, la libertad significa libre comercio, libre venta y compra

în condițiile actuale de producție ale burgheziei, libertatea înseamnă comerț liber, vânzare şi cumpărare liberă

Pero si desaparece la venta y la compra, también desaparece la libre venta y la compra

Dar dacă vânzarea şi cumpărarea dispar, dispar şi vânzarea şi cumpărarea gratuită

Las "palabras valientes" de la burguesía sobre la libre venta y compra sólo tienen sentido en un sentido limitado

"cuvintele curajoase" ale burgheziei despre vânzarea şi cumpărarea liberă au doar un sens limitat

Estas palabras tienen significado solo en contraste con la venta y la compra restringidas

Aceste cuvinte au sens doar în contrast cu vânzarea şi cumpărarea restricționată

y estas palabras sólo tienen sentido cuando se aplican a los comerciantes encadenados de la Edad Media

și aceste cuvinte au sens numai atunci când sunt aplicate comercianților înlănțuiți din Evul Mediu

y eso supone que estas palabras incluso tienen un significado en un sentido burgués

și asta presupune că aceste cuvinte au chiar sens într-un sens burghez

pero estas palabras no tienen ningún significado cuando se usan para oponerse a la abolición comunista de la compra y venta

dar aceste cuvinte nu au nici un sens atunci când sunt folosite pentru a se opune abolirii comuniste a cumpărării și vânzării

las palabras no tienen sentido cuando se usan para oponerse a la abolición de las condiciones de producción de la burguesía

cuvintele nu au nici un sens atunci când sunt folosite pentru a se opune abolirii condițiilor de producție ale burgheziei

y no tienen ningún sentido cuando se utilizan para oponerse a la abolición de la propia burguesía

și nu au nici un sens atunci când sunt folosite pentru a se opune desființării burgheziei însăși

Ustedes están horrorizados de nuestra intención de acabar con la propiedad privada

Ești îngrozit de intenția noastră de a elimina proprietatea privată

Pero en la sociedad actual, la propiedad privada ya ha sido eliminada para las nueve décimas partes de la población

Dar în societatea voastră actuală, proprietatea privată este deja eliminată pentru nouă zecimi din populație

La existencia de la propiedad privada para unos pocos se debe únicamente a su inexistencia en manos de las nueve décimas partes de la población

Existența proprietății private pentru cei puțini se datorează exclusiv inexistenței sale în mâinile a nouă zecimi din populație

Por lo tanto, nos reprochas que pretendamos acabar con una forma de propiedad

Prin urmare, ne reproșați că intenționăm să eliminăm o formă de proprietate

Pero la propiedad privada requiere la inexistencia de propiedad alguna para la inmensa mayoría de la sociedad

dar proprietatea privată necesită inexistența oricărei proprietăți pentru imensa majoritate a societății

En una palabra, nos reprochas que pretendamos acabar con tu propiedad

Într-un cuvânt, ne reproșați intenția de a vă înlătura proprietatea

Y es precisamente así; prescindir de su propiedad es justo lo que pretendemos

Și este exact așa; eliminarea proprietății dumneavoastră este exact ceea ce intenționăm

Desde el momento en que el trabajo ya no puede convertirse en capital, dinero o renta

Din momentul în care munca nu mai poate fi convertită în capital, bani sau rentă

cuando el trabajo ya no puede convertirse en un poder social capaz de ser monopolizado

când munca nu va mai putea fi transformată într-o putere socială care poate fi monopolizată

desde el momento en que la propiedad individual ya no puede transformarse en propiedad burguesa

din momentul în care proprietatea individuală nu mai poate fi transformată în proprietate burgheză

desde el momento en que la propiedad individual ya no puede transformarse en capital

din momentul în care proprietatea individuală nu mai poate fi transformată în capital

A partir de ese momento, dices que la individualidad se desvanece

din acel moment, spui că individualitatea dispare

Debéis confesar, pues, que por "individuo" no os referimos a otra persona que a la burguesía

Prin urmare, trebuie să mărturisești că prin "individ" nu înțelegi altă persoană decât burghezia

Debes confesar que se refiere específicamente al propietario de una propiedad de clase media

Trebuie să mărturisești că se referă în mod specific la proprietarul proprietății din clasa de mijloc

Esta persona debe, en verdad, ser barrida del camino, y hecha imposible

Această persoană trebuie, într-adevăr, să fie măturată din cale și făcută imposibilă

El comunismo no priva a ningún hombre del poder de apropiarse de los productos de la sociedad

Comunismul nu privează pe nimeni de puterea de a-și însuși produsele societății

todo lo que hace el comunismo es privarlo del poder de subyugar el trabajo de otros por medio de tal apropiación

tot ceea ce face comunismul este să-l priveze de puterea de a subjuga munca altora prin intermediul unei astfel de însușiri

Se ha objetado que, tras la abolición de la propiedad privada, cesará todo trabajo

S-a obiectat că, odată cu abolirea proprietății private, toate lucrările vor înceta

y entonces se sugiere que la pereza universal se apoderará de nosotros

și apoi se sugerează că lenea universală ne va cuprinde

De acuerdo con esto, la sociedad burguesa debería haber ido hace mucho tiempo a los perros por pura ociosidad

Conform acestui lucru, societatea burgheză ar fi trebuit să meargă cu mult timp în urmă la câini prin pură lenevie

porque los de sus miembros que trabajan, no adquieren nada

pentru că aceia dintre membrii săi care muncesc, nu dobândesc nimic

y los de sus miembros que adquieren algo, no trabajan

iar aceia dintre membrii săi care dobândesc ceva, nu muncesc

Toda esta objeción no es más que otra expresión de la tautología

Întreaga obiecție nu este decât o altă expresie a tautologiei

Ya no puede haber trabajo asalariado cuando ya no hay capital

Nu mai poate exista muncă salariată când nu mai există capital

No hay diferencia entre los productos materiales y los productos mentales

Nu există nicio diferență între produsele materiale și produsele mentale

El comunismo propone que ambos se producen de la misma manera

Comunismul propune ca ambele sa fie produse in acelasi mod

pero las objeciones contra los modos comunistas de producirlos son las mismas

dar obiecțiile împotriva modurilor comuniste de a le produce sunt aceleași

para la burguesía, la desaparición de la propiedad de clase es la desaparición de la producción misma

pentru burghezie, dispariția proprietății de clasă este dispariția producției însăși

De modo que la desaparición de la cultura de clase es para él idéntica a la desaparición de toda cultura

deci dispariția culturii de clasă este pentru el identică cu dispariția întregii culturi

Esa cultura, cuya pérdida lamenta, es para la inmensa mayoría un mero entrenamiento para actuar como una máquina

Această cultură, a cărei pierdere deplânge el, este pentru marea majoritate o simplă pregătire pentru a acționa ca o mașină

Los comunistas tienen la firme intención de abolir la cultura de la propiedad burguesa

Comuniștii intenționează foarte mult să abolească cultura proprietății burgheze

Pero no discutan con nosotros mientras apliquen el estándar de sus nociones burguesas de libertad, cultura, ley, etc

Dar nu vă certați cu noi atâta timp cât aplicați standardul noțiunilor burgheze de libertate, cultură, lege etc

Vuestras mismas ideas no son más que el resultado de las condiciones de la producción burguesa y de la propiedad burguesa

Ideile tale nu sunt decât consecințele condițiilor producției burgheze și a proprietății burgheziei

del mismo modo que vuestra jurisprudencia no es más que la voluntad de vuestra clase convertida en ley para todos

la fel cum jurisprudența voastră nu este decât voința clasei voastre transformată într-o lege pentru toți

El carácter esencial y la dirección de esta voluntad están determinados por las condiciones económicas que crea su clase social

caracterul esențial și direcția acestei voințe sunt determinate de condițiile economice create de clasa socială

El concepto erróneo egoísta que te induce a transformar las formas sociales en leyes eternas de la naturaleza y de la razón

Concepția greșită egoistă care te determină să transformi formele sociale în legi eterne ale naturii și rațiunii

las formas sociales que brotan de vuestro actual modo de producción y de vuestra forma de propiedad

formele sociale care izvorăsc din modul vostru actual de producție și forma de proprietate

relaciones históricas que surgen y desaparecen en el progreso de la producción

relații istorice care cresc și dispar în progresul producției

Este concepto erróneo lo compartes con todas las clases dominantes que te han precedido

Această concepție greșită o împărtășiți cu fiecare clasă conducătoare care v-a precedat

Lo que se ve claramente en el caso de la propiedad antigua, lo que se admite en el caso de la propiedad feudal

Ceea ce vedeți clar în cazul proprietății antice, ceea ce admiteți în cazul proprietății feudale

estas cosas, por supuesto, le está prohibido admitir en el caso de su propia forma burguesa de propiedad

aceste lucruri sunteți, desigur, interzis să le admiteți în cazul propriei forme de proprietate burgheză

¡Abolición de la familia! Hasta los más radicales estallan ante esta infame propuesta de los comunistas

Abolirea familiei! Chiar și cei mai radicali se aprind la această propunere infamă a comuniștilor

¿Sobre qué base se asienta la familia actual, la familia Bourgeoisie?

Pe ce temelie se bazează familia actuală, familia burgheziei?

La base de la familia actual se basa en el capital y la ganancia privada

Fondarea familiei actuale se bazează pe capital și câștig privat

En su forma completamente desarrollada, esta familia sólo existe entre la burguesía

În forma sa complet dezvoltată, această familie există doar în rândul burgheziei

Este estado de cosas encuentra su complemento en la ausencia práctica de la familia entre los proletarios

Această stare de lucruri își găsește completarea în absența practică a familiei în rândul proletarilor

Este estado de cosas se puede encontrar en la prostitución pública

Această stare de lucruri poate fi găsită în prostituția publică

La familia Bourgeoisie se desvanecerá como algo natural cuando su complemento se desvanezca

Familia burgheză va dispărea de la sine înțeles atunci când complementul său va dispărea

y ambos se desvanecerán con la desaparición del capital

și ambele vor dispărea odată cu dispariția capitalului

¿Nos acusan de querer detener la explotación de los niños por parte de sus padres?
Ne acuzați că vrem să oprim exploatarea copiilor de către părinții lor?

De este crimen nos declaramos culpables
Pentru această crimă pledăm vinovați

Pero, dirás, destruimos la más sagrada de las relaciones, cuando reemplazamos la educación en el hogar por la educación social
Dar, veți spune, distrugem cele mai sfinte relații, atunci când înlocuim educația de acasă cu educația socială

¿No es también social su educación? ¿Y no está determinado por las condiciones sociales en las que se educa?
Educația ta nu este și socială? Și nu este determinată de condițiile sociale în care educați?

por la intervención, directa o indirecta, de la sociedad, por medio de las escuelas, etc.
prin intervenția, directă sau indirectă, a societății, prin intermediul școlilor etc.

Los comunistas no han inventado la intervención de la sociedad en la educación
Comuniștii nu au inventat intervenția societății în educație

lo único que pretenden es alterar el carácter de esa intervención
ei nu fac decât să încerce să modifice caracterul acelei intervenții

y buscan rescatar la educación de la influencia de la clase dominante
și caută să salveze educația de influența clasei conducătoare

La burguesía habla de la sagrada correlación entre padres e hijos
Burghezia vorbește despre co-relația sfințită dintre părinte și copil

pero esta trampa sobre la familia y la educación se vuelve aún más repugnante cuando miramos a la industria moderna

dar această capcană despre familie și educație devine cu atât
mai dezgustătoare când ne uităm la industria modernă
**Todos los lazos familiares entre los proletarios son
desgarrados por la industria moderna**
Toate legăturile de familie dintre proletari sunt sfâșiate de
industria modernă
**Sus hijos se transforman en simples artículos de comercio e
instrumentos de trabajo**
copiii lor sunt transformați în simple articole de comerț și
instrumente de muncă
**Pero vosotros, los comunistas, creáis una comunidad de
mujeres, grita a coro toda la burguesía**
Dar voi, comuniștii, ați crea o comunitate de femei, strigă în
cor întreaga burghezie
**La burguesía ve en su mujer un mero instrumento de
producción**
Burghezia vede în soția sa un simplu instrument de producție
**Oye que los instrumentos de producción deben ser
explotados por todos**
El aude că instrumentele de producție trebuie exploatate de
toți
**Y, naturalmente, no puede llegar a otra conclusión que la de
que la suerte de ser común a todos recaerá igualmente en las
mujeres**
și, firește, nu poate ajunge la altă concluzie decât că soarta de a
fi comună tuturor va cădea și femeilor
**Ni siquiera sospecha que el verdadero objetivo es acabar con
la condición de la mujer como meros instrumentos de
producción**
El nu are nici măcar o bănuială că adevăratul scop este
eliminarea statutului femeilor ca simple instrumente de
producție
**Por lo demás, nada es más ridículo que la virtuosa
indignación de nuestra burguesía contra la comunidad de
mujeres**

În rest, nimic nu este mai ridicol decât indignarea virtuoasă a burgheziei noastre față de comunitatea femeilor

pretenden que sea abierta y oficialmente establecida por los comunistas

ei pretind că va fi înființat în mod deschis și oficial de comuniști

Los comunistas no tienen necesidad de introducir la comunidad de mujeres, ha existido casi desde tiempos inmemoriales

Comuniștii nu au nevoie să introducă comunitatea femeilor, aceasta există aproape din timpuri imemoriale

Nuestra burguesía no se contenta con tener a su disposición a las mujeres e hijas de sus proletarios

Burghezia noastră nu se mulțumește să aibă la dispoziție soțiile și fiicele proletarilor lor

Tienen el mayor placer en seducir a las esposas de los demás

Ei au cea mai mare plăcere în a-și seduce soțiile unul altuia

Y eso sin hablar de las prostitutas comunes

și asta ca să nu mai vorbim de prostituatele obișnuite

El matrimonio burgués es en realidad un sistema de esposas en común

Căsătoria burgheză este în realitate un sistem de soții în comun

entonces hay una cosa que se podría reprochar a los comunistas

atunci există un lucru cu care comuniștilor li s-ar putea reproșa

Desean introducir una comunidad de mujeres abiertamente legalizada

doresc să introducă o comunitate de femei legalizată în mod deschis

en lugar de una comunidad de mujeres hipócritamente oculta

mai degrabă decât o comunitate de femei ascunsă ipocrit

la comunidad de mujeres que surgen del sistema de producción

comunitatea femeilor izvorâte din sistemul de producție
abolid el sistema de producción y abolid la comunidad de mujeres
desființează sistemul de producție și desființezi comunitatea femeilor
Se suprime la prostitución pública y la prostitución privada
atât prostituția publică este abolită, cât și prostituția privată
A los comunistas se les reprocha, además, que desean abolir los países y las nacionalidades
Comuniștilor li se reproșează și mai mult dorința de a desființa țările și naționalitățile
Los trabajadores no tienen patria, así que no podemos quitarles lo que no tienen
Muncitorii nu au țară, așa că nu putem lua de la ei ceea ce nu au
El proletariado debe, ante todo, adquirir la supremacía política
proletariatul trebuie mai întâi de toate să dobândească supremația politică
El proletariado debe elevarse para ser la clase dirigente de la nación
proletariatul trebuie să se ridice pentru a fi clasa conducătoare a națiunii
El proletariado debe constituirse en la nación
proletariatul trebuie să se constituie el însuși națiunea
es, hasta ahora, nacional, aunque no en el sentido burgués de la palabra
este, până acum, ea însăși națională, deși nu în sensul burghez al cuvântului
Las diferencias nacionales y los antagonismos entre los pueblos desaparecen cada día más
Diferențele naționale și antagonismele dintre popoare dispar din ce în ce mai mult
debido al desarrollo de la burguesía, a la libertad de comercio, al mercado mundial

datorită dezvoltării burgheziei, libertății comerțului, pieței mondiale

a la uniformidad en el modo de producción y en las condiciones de vida correspondientes

la uniformitatea modului de producție și a condițiilor de viață corespunzătoare acestuia

La supremacía del proletariado hará que desaparezcan aún más rápidamente

Supremația proletariatului îi va face să dispară și mai repede

La acción unida, al menos de los principales países civilizados, es una de las primeras condiciones para la emancipación del proletariado

Acțiunea unită, cel puțin a țărilor civilizate conducătoare, este una dintre primele condiții pentru emanciparea proletariatului

En la medida en que se ponga fin a la explotación de un individuo por otro, también se pondrá fin a la explotación de una nación por otra.

În măsura în care se pune capăt exploatării unui individ de către altul, exploatarea unei națiuni de către o altă națiune va înceta, de asemenea,

A medida que desaparezca el antagonismo entre las clases dentro de la nación, la hostilidad de una nación hacia otra llegará a su fin

În măsura în care antagonismul dintre clasele din cadrul națiunii dispare, ostilitatea unei națiuni față de alta va lua sfârșit

Las acusaciones contra el comunismo hechas desde un punto de vista religioso, filosófico y, en general, ideológico, no merecen un examen serio

Acuzațiile împotriva comunismului făcute dintr-un punct de vedere religios, filozofic și, în general, ideologic, nu merită o examinare serioasă

¿Se requiere una intuición profunda para comprender que las ideas, puntos de vista y concepciones del hombre cambian con cada cambio en las condiciones de su existencia material?

Este nevoie de o intuiție profundă pentru a înțelege că ideile, vederile și concepțiile omului se schimbă cu fiecare schimbare a condițiilor existenței sale materiale?

¿No es obvio que la conciencia del hombre cambia cuando cambian sus relaciones sociales y su vida social?

Nu este evident că conștiința omului se schimbă atunci când relațiile sale sociale și viața sa socială se schimbă?

¿Qué otra cosa prueba la historia de las ideas sino que la producción intelectual cambia de carácter a medida que cambia la producción material?

Ce altceva dovedește istoria ideilor, decât că producția intelectuală își schimbă caracterul în măsura în care se schimbă producția materială?

Las ideas dominantes de cada época han sido siempre las ideas de su clase dominante

Ideile dominante ale fiecărei epoci au fost întotdeauna ideile clasei sale conducătoare

Cuando se habla de ideas que revolucionan la sociedad, no hace más que expresar un hecho

Când oamenii vorbesc despre idei care revoluționează societatea, ei nu fac decât să exprime un fapt

Dentro de la vieja sociedad, se han creado los elementos de una nueva

În cadrul vechii societăți, au fost create elementele uneia noi

y que la disolución de las viejas ideas sigue el mismo ritmo que la disolución de las viejas condiciones de existencia

și că dizolvarea vechilor idei ține pasul cu dizolvarea vechilor condiții de existență

Cuando el mundo antiguo estaba en sus últimos estertores, las religiones antiguas fueron vencidas por el cristianismo

Când lumea antică era în ultimele chinuri, religiile antice au fost învinse de creștinism

Cuando las ideas cristianas sucumbieron en el siglo XVIII a las ideas racionalistas, la sociedad feudal libró su batalla a muerte contra la burguesía revolucionaria de entonces

Când ideile creștine au cedat în secolul al XVIII-lea în fața ideilor raționaliste, societatea feudală a dus lupta mortală cu burghezia revoluționară de atunci

Las ideas de la libertad religiosa y de la libertad de conciencia no hacían más que expresar el dominio de la libre competencia en el dominio del conocimiento

Ideile de libertate religioasă și libertate de conștiință nu au făcut decât să exprime influența liberei concurențe în domeniul cunoașterii

"Indudablemente", se dirá, "las ideas religiosas, morales, filosóficas y jurídicas se han modificado en el curso del desarrollo histórico"

"Fără îndoială", se va spune, "ideile religioase, morale, filozofice și juridice au fost modificate în cursul dezvoltării istorice"

"Pero la religión, la filosofía de la moral, la ciencia política y el derecho, sobrevivieron constantemente a este cambio"

"Dar religia, moralitatea, filozofia, științele politice și dreptul au supraviețuit în mod constant acestei schimbări"

"También hay verdades eternas, como la Libertad, la Justicia, etc."

"Există și adevăruri eterne, cum ar fi libertatea, dreptatea etc."

"Estas verdades eternas son comunes a todos los estados de la sociedad"

"Aceste adevăruri eterne sunt comune tuturor stărilor societății"

"Pero el comunismo suprime las verdades eternas, suprime toda religión y toda moral"

"Dar comunismul desființează adevărurile eterne, desființează orice religie și orice moralitate"

"Lo hace en lugar de constituirlos sobre una nueva base"

"Face asta în loc să le constituie pe o bază nouă"

"Por lo tanto, actúa en contradicción con toda la experiencia histórica pasada"

"Prin urmare, acționează în contradicție cu toată experiența istorică trecută"

¿A qué se reduce esta acusación?

La ce se reduce această acuzație?

La historia de toda la sociedad pasada ha consistido en el desarrollo de antagonismos de clase

Istoria întregii societăți trecute a constat în dezvoltarea antagonismelor de clasă

antagonismos que asumieron diferentes formas en diferentes épocas

antagonisme care au luat forme diferite în diferite epoci

Pero cualquiera que sea la forma que hayan tomado, un hecho es común a todas las épocas pasadas

Dar oricare ar fi forma pe care au luat-o, un fapt este comun tuturor epocilor trecute

la explotación de una parte de la sociedad por la otra

exploatarea unei părți a societății de către cealaltă

No es de extrañar, pues, que la conciencia social de épocas pasadas se mueva dentro de ciertas formas comunes o ideas generales

Nu este de mirare, atunci, că conștiința socială a epocii trecute se mișcă în anumite forme comune sau idei generale

(y eso a pesar de toda la multiplicidad y variedad que muestra)

(și asta în ciuda multiplicității și varietății pe care o afișează)

y éstos no pueden desaparecer por completo sino con la desaparición total de los antagonismos de clase

și acestea nu pot dispărea complet decât odată cu dispariția totală a antagonismelor de clasă

La revolución comunista es la ruptura más radical con las relaciones tradicionales de propiedad

Revoluția comunistă este cea mai radicală ruptură cu relațiile tradiționale de proprietate

No es de extrañar que su desarrollo implique la ruptura más radical con las ideas tradicionales

Nu este de mirare că dezvoltarea sa implică cea mai radicală ruptură cu ideile tradiționale

Pero dejemos de lado las objeciones de la burguesía al comunismo

Dar să terminăm cu obiecțiile burgheziei față de comunism

Hemos visto más arriba el primer paso de la revolución de la clase obrera

Am văzut mai sus primul pas în revoluția clasei muncitoare

Hay que elevar al proletariado a la posición de gobernante, para ganar la batalla de la democracia

proletariatul trebuie să fie ridicat la poziția de conducere, pentru a câștiga bătălia democrației

El proletariado utilizará su supremacía política para arrebatar, poco a poco, todo el capital a la burguesía

Proletariatul își va folosi supremația politică pentru a smulge, treptat, tot capitalul de la burghezie

centralizará todos los instrumentos de producción en manos del Estado

va centraliza toate instrumentele de producție în mâinile statului

En otras palabras, el proletariado organizado como clase dominante

cu alte cuvinte, proletariatul organizat ca clasă conducătoare

y aumentará el total de las fuerzas productivas lo más rápidamente posible

și va crește totalul forțelor de producție cât mai repede posibil

Por supuesto, al principio, esto no puede llevarse a cabo sino por medio de incursiones despóticas en los derechos de propiedad

Desigur, la început, acest lucru nu poate fi realizat decât prin intermediul incursiunilor despotice asupra drepturilor de proprietate

y tiene que lograrse en las condiciones de la producción burguesa

și trebuie să fie realizat în condițiile producției burgheze

Por lo tanto, se logra mediante medidas que parecen económicamente insuficientes e insostenibles

prin urmare, se realizează prin intermediul unor măsuri care
par insuficiente din punct de vedere economic și nesustenabile
pero estos medios, en el curso del movimiento, se superan a
sí mismos
dar aceste mijloace, în cursul mișcării, se depășesc
Requieren nuevas incursiones en el viejo orden social
ele necesită noi incursiuni în vechea ordine socială
y son ineludibles como medio de revolucionar por completo
el modo de producción
și sunt inevitabile ca mijloc de revoluționare completă a
modului de producție
Por supuesto, estas medidas serán diferentes en los distintos
países
Aceste măsuri vor fi, desigur, diferite în diferite țări
Sin embargo, en los países más avanzados, lo siguiente será
de aplicación bastante general
Cu toate acestea, în cele mai avansate țări, următoarele vor fi
destul de general aplicabile
1. Abolición de la propiedad de la tierra y aplicación de
todas las rentas de la tierra a fines públicos.
1. Abolirea proprietății asupra terenurilor și aplicarea tuturor
chiriilor de pământ în scopuri publice.
2. Un fuerte impuesto progresivo o gradual sobre la renta.
2. Un impozit pe venit progresiv sau progresiv puternic.
3. Abolición de todo derecho de herencia.
3. Abolirea oricărui drept de moștenire.
4. Confiscación de los bienes de todos los emigrantes y
rebeldes.
4. Confiscarea proprietăților tuturor emigranților și rebelilor.
5. Centralización del crédito en manos del Estado, por medio
de un banco nacional de capital estatal y monopolio
exclusivo.
5. Centralizarea creditului în mâinile statului, prin intermediul
unei bănci naționale cu capital de stat și monopol exclusiv.
6. Centralización de los medios de comunicación y
transporte en manos del Estado.

6. Centralizarea mijloacelor de comunicare și transport în mâinile statului.

7. Ampliación de fábricas e instrumentos de producción propiedad del Estado

7. Extinderea fabricilor și instrumentelor de producție deținute de stat

la puesta en cultivo de tierras baldías y el mejoramiento del suelo en general de acuerdo con un plan común.

aducerea în cultivare a terenurilor pustii și îmbunătățirea solului în general în conformitate cu un plan comun.

8. Igual responsabilidad de todos hacia el trabajo

8. Răspunderea egală a tuturor față de muncă

Establecimiento de ejércitos industriales, especialmente para la agricultura.

Înființarea de armate industriale, în special pentru agricultură.

9. Combinación de la agricultura con las industrias manufactureras

9. Combinarea agriculturii cu industriile prelucrătoare

Abolición gradual de la distinción entre la ciudad y el campo, por una distribución más equitativa de la población en todo el país.

abolirea treptată a distincției dintre oraș și țară, printr-o distribuție mai echitabilă a populației în țară.

10. Educación gratuita para todos los niños en las escuelas públicas.

10. Educație gratuită pentru toți copiii din școlile publice.

Abolición del trabajo infantil en las fábricas en su forma actual

Abolirea muncii copiilor în fabrici în forma sa actuală

Combinación de la educación con la producción industrial

Combinarea educației cu producția industrială

Cuando, en el curso del desarrollo, las distinciones de clase han desaparecido

Când, în cursul dezvoltării, distincțiile de clasă au dispărut

y cuando toda la producción se ha concentrado en manos de una vasta asociación de toda la nación

și când toată producția a fost concentrată în mâinile unei vaste
asociații a întregii națiuni

entonces el poder público perderá su carácter político
atunci puterea publică își va pierde caracterul politic

**El poder político, propiamente dicho, no es más que el poder
organizado de una clase para oprimir a otra**
Puterea politică, propriu-zisă așa, este doar puterea organizată
a unei clase pentru a asupri pe alta

**Si el proletariado, en su lucha contra la burguesía, se ve
obligado, por la fuerza de las circunstancias, a organizarse
como clase**
Dacă proletariatul în timpul luptei sale cu burghezia este
obligat, prin forța împrejurărilor, să se organizeze ca clasă

**si, por medio de una revolución, se convierte en la clase
dominante**
dacă, prin intermediul unei revoluții, se face clasa
conducătoare

**y, como tal, barre por la fuerza las viejas condiciones de
producción**
și, ca atare, mătură cu forța vechile condiții de producție

**entonces, junto con estas condiciones, habrá barrido las
condiciones para la existencia de los antagonismos de clase y
de las clases en general**
atunci, împreună cu aceste condiții, va fi măturat condițiile
existenței antagonismelor de clasă și a claselor în general

y con ello habrá abolido su propia supremacía como clase.
și astfel și-ar fi abolit propria supremație ca clasă.

**En lugar de la vieja sociedad burguesa, con sus clases y sus
antagonismos de clase, tendremos una asociación**
În locul vechii societăți burgheze, cu clasele și antagonismele
ei de clasă, vom avea o asociație

**una asociación en la que el libre desarrollo de cada uno sea
la condición para el libre desarrollo de todos**
o asociație în care libera dezvoltare a fiecăruia este condiția
pentru libera dezvoltare a tuturor

1) Socialismo reaccionario
1) Socialismul reacţionar

a) Socialismo feudal
a) Socialismul feudal

las aristocracias de Francia e Inglaterra tenían una posición histórica única
aristocraţiile din Franţa şi Anglia au avut o poziţie istorică unică
se convirtió en su vocación escribir panfletos contra la sociedad burguesa moderna
a devenit vocaţia lor să scrie pamflete împotriva societăţii burgheze moderne
En la Revolución Francesa de julio de 1830 y en la agitación reformista inglesa
În revoluţia franceză din iulie 1830 şi în agitaţia reformei engleze
Estas aristocracias sucumbieron de nuevo ante el odioso advenedizo
Aceste aristocraţii au cedat din nou în faţa urâtului parvenit
A partir de entonces, una contienda política seria quedó totalmente fuera de discusión
De atunci, o competiţie politică serioasă a fost cu totul exclusă
Todo lo que quedaba posible era una batalla literaria, no una batalla real
Tot ce a mai rămas posibil a fost o bătălie literară, nu o bătălie reală
Pero incluso en el dominio de la literatura, los viejos gritos del período de la restauración se habían vuelto imposibles
Dar chiar şi în domeniul literaturii vechile strigăte ale perioadei restauraţiei deveniseră imposibile
Para despertar simpatías, la aristocracia se vio obligada a perder de vista, aparentemente, sus propios intereses
Pentru a stârni simpatie, aristocraţia a fost obligată să piardă din vedere, aparent, propriile interese

y se vieron obligados a formular su acusación contra la burguesía en interés de la clase obrera explotada
și au fost obligați să-și formuleze rechizitoriul împotriva burgheziei în interesul clasei muncitoare exploatate
Así, la aristocracia se vengó cantando sátiras a su nuevo amo
Astfel, aristocrația s-a răzbunat cântând satiri la adresa noului lor stăpân
y se vengaron susurrándole al oído siniestras profecías de catástrofe venidera
și s-au răzbunat șoptindu-i la ureche profeții sinistre despre catastrofa viitoare
De esta manera surgió el socialismo feudal: mitad lamentación, mitad sátira
În acest fel a apărut socialismul feudal: jumătate plângere, jumătate satirizare
Sonaba como medio eco del pasado y proyectaba mitad amenaza del futuro
sună ca jumătate ecou al trecutului și proiectează jumătate amenințare a viitorului
a veces, con su crítica amarga, ingeniosa e incisiva, golpeó a la burguesía hasta la médula
uneori, prin critica sa amară, spirituală și incisivă, a lovit burghezia până în adâncul inimii
pero siempre fue ridículo en su efecto, por su total incapacidad para comprender la marcha de la historia moderna
dar a fost întotdeauna ridicol în efectul său, din cauza incapacității totale de a înțelege marșul istoriei moderne
La aristocracia, con el fin de atraer al pueblo hacia ellos, agitaba la bolsa de limosnas proletaria delante como una bandera
Aristocrația, pentru a aduna poporul în fața lor, a fluturat sacul de pomană proletar în față pentru un steag
Pero el pueblo, tan a menudo como se unía a ellos, veía en sus cuartos traseros los antiguos escudos de armas feudales

Dar poporul, atât de des când i s-a alăturat, a văzut pe spatele
lor vechile steme feudale

y desertaron con carcajadas ruidosas e irreverentes
și au dezertat cu râsete zgomotoase și ireverențioase

**Un sector de los legitimistas franceses y de la "Joven
Inglaterra" exhibió este espectáculo**
O secțiune a legitimiștilor francezi și a "Tânărăi Anglie" a
prezentat acest spectacol

**los feudales señalaban que su modo de explotación era
diferente al de la burguesía**
feudaliștii au subliniat că modul lor de exploatare era diferit
de cel al burgheziei

**Los feudales olvidan que explotaron en circunstancias y
condiciones muy diferentes**
feudaliștii uită că au exploatat în circumstanțe și condiții
destul de diferite

**Y no se dieron cuenta de que tales métodos de explotación
ahora son anticuados**
și nu au observat că astfel de metode de exploatare sunt acum
învechite

**demostraron que, bajo su gobierno, el proletariado moderno
nunca existió**
Ei au arătat că, sub conducerea lor, proletariatul modern nu a
existat niciodată

**pero olvidan que la burguesía moderna es el vástago
necesario de su propia forma de sociedad**
dar ei uită că burghezia modernă este urmașul necesar al
propriei forme de societate

**Por lo demás, apenas ocultan el carácter reaccionario de su
crítica**
În rest, ei cu greu ascund caracterul reacționar al criticii lor

su principal acusación contra la burguesía es la siguiente
acuzația lor principală împotriva burgheziei se ridică la
următoarea

**bajo el régimen de la burguesía se está desarrollando una
clase social**

sub regimul burgheziei se dezvoltă o clasă socială

Esta clase social está destinada a cortar de raíz el viejo orden de la sociedad

Această clasă socială este destinată să taie rădăcini şi ramificaţii vechea ordine a societăţii

Lo que reprochan a la burguesía no es tanto que cree un proletariado

Ceea ce mustră burghezia nu este atât de mult că creează un proletariat

lo que reprochan a la burguesía es más bien que crea un proletariado revolucionario

ceea ce mustră burghezia este mai mult decât atât, încât creează un proletariat revoluţionar

En la práctica política, por lo tanto, se unen a todas las medidas coercitivas contra la clase obrera

Prin urmare, în practica politică, ei se alătură tuturor măsurilor coercitive împotriva clasei muncitoare

Y en la vida ordinaria, a pesar de sus frases altisonantes, se inclinan a recoger las manzanas de oro que caen del árbol de la industria

iar în viaţa obişnuită, în ciuda frazelor lor înalte, se apleacă să ridice merele de aur căzute din pomul industriei

y trocan la verdad, el amor y el honor por el comercio de lana, azúcar de remolacha y aguardiente de patata

şi fac schimb de adevăr, dragoste şi onoare pentru comerţul cu lână, zahăr de sfeclă roşie şi rachiu de cartofi

Así como el párroco ha ido siempre de la mano con el terrateniente, así también lo ha hecho el socialismo clerical con el socialismo feudal

Aşa cum parohul a mers întotdeauna mână în mână cu proprietarul, la fel a făcut şi socialismul clerical cu socialismul feudal

Nada es más fácil que dar al ascetismo cristiano un tinte socialista

Nimic nu este mai uşor decât să dai ascetismului creştin o tentă socialistă

¿No ha declamado el cristianismo contra la propiedad privada, contra el matrimonio, contra el Estado?

Nu a declamat creștinismul împotriva proprietății private, împotriva căsătoriei, împotriva statului?

¿No ha predicado el cristianismo en lugar de estos, la caridad y la pobreza?

Nu a predicat creștinismul în locul acestora, caritatea și sărăcia?

¿Acaso el cristianismo no predica el celibato y la mortificación de la carne, la vida monástica y la Madre Iglesia?

Creștinismul nu predică celibatul și mortificarea cărnii, viața monahală și Biserica-Mamă?

El socialismo cristiano no es más que el agua bendita con la que el sacerdote consagra los ardores del corazón del aristócrata

Socialismul creștin nu este decât apa sfințită cu care preotul sfințește arsurile inimii aristocratului

b) Socialismo pequeñoburgués
b) Socialismul mic-burghez

La aristocracia feudal no fue la única clase arruinada por la burguesía
Aristocrația feudală nu a fost singura clasă care a fost ruinată de burghezie
no fue la única clase cuyas condiciones de existencia languidecieron y perecieron en la atmósfera de la sociedad burguesa moderna
nu a fost singura clasă ale cărei condiții de existență tânjeau și piereau în atmosfera societății burgheze moderne
Los burgueses medievales y los pequeños propietarios campesinos fueron los precursores de la burguesía moderna
Burghezii medievali și micii țărani proprietari au fost precursorii burgheziei moderne
En los países poco desarrollados, industrial y comercialmente, estas dos clases siguen vegetando una al lado de la otra
În acele țări puțin dezvoltate, din punct de vedere industrial și comercial, aceste două clase încă vegeta una lângă alta
y mientras tanto la burguesía se levanta junto a ellos: industrial, comercial y políticamente
și între timp burghezia se ridică lângă ei: industrial, comercial și politic
En los países donde la civilización moderna se ha desarrollado plenamente, se ha formado una nueva clase de pequeña burguesía
În țările în care civilizația modernă s-a dezvoltat pe deplin, s-a format o nouă clasă de mici burghezii
esta nueva clase social fluctúa entre el proletariado y la burguesía
această nouă clasă socială fluctuează între proletariat și burghezie
y siempre se renueva como parte complementaria de la sociedad burguesa

și se reînnoiește mereu ca o parte suplimentară a societății burgheze

Sin embargo, los miembros individuales de esta clase son constantemente arrojados al proletariado

Membrii individuali ai acestei clase, totuși, sunt aruncați în mod constant în proletariat

son absorbidos por el proletariado a través de la acción de la competencia

ei sunt absorbiți de proletariat prin acțiunea concurenței

A medida que la industria moderna se desarrolla, incluso ven acercarse el momento en que desaparecerán por completo como sección independiente de la sociedad moderna

Pe măsură ce industria modernă se dezvoltă, ei văd chiar că se apropie momentul în care vor dispărea complet ca o secțiune independentă a societății moderne

Serán reemplazados, en las manufacturas, la agricultura y el comercio, por vigilantes, alguaciles y tenderos

ei vor fi înlocuiți, în manufacturi, agricultură și comerț, de supraveghetori, executori judecătorești și negustori

En países como Francia, donde los campesinos constituyen mucho más de la mitad de la población

În țări precum Franța, unde țăranii constituie mult mai mult de jumătate din populație

era natural que hubiera escritores que se pusieran del lado del proletariado contra la burguesía

era firesc să existe scriitori care să fie de partea proletariatului împotriva burgheziei

en su crítica al régimen burgués utilizaron el estandarte de la pequeña burguesía campesina

în critica lor la adresa regimului burgheziei, ei au folosit standardul țăranului și al micii burghezii

Y desde el punto de vista de estas clases intermedias, toman el garrote de la clase obrera

și din punctul de vedere al acestor clase intermediare, ei iau bâtele pentru clasa muncitoare

Así surgió el socialismo pequeñoburgués, del que Sismondi era el jefe de esta escuela, no sólo en Francia, sino también en Inglaterra

Astfel a apărut socialismul mic-burghezian, al cărui conducător era Sismondi al acestei școli, nu numai în Franța, ci și în Anglia

Esta escuela del socialismo diseccionó con gran agudeza las contradicciones de las condiciones de producción moderna

Această școală de socialism a disecat cu mare acuitate contradicțiile din condițiile producției moderne

Esta escuela puso al descubierto las apologías hipócritas de los economistas

Această școală a dezvăluit scuzele ipocrite ale economiștilor

Esta escuela demostró, incontrovertiblemente, los efectos desastrosos de la maquinaria y de la división del trabajo

Această școală a dovedit, în mod incontestabil, efectele dezastruoase ale mașinilor și diviziunii muncii

Probó la concentración del capital y de la tierra en pocas manos

A dovedit concentrarea capitalului și a pământului în câteva mâini

demostró cómo la sobreproducción conduce a las crisis de la burguesía

a dovedit cum supraproducția duce la crize burgheze

señalaba la ruina inevitable de la pequeña burguesía y del campesino

ea a arătat ruina inevitabilă a micii burghezii și a țăranilor

la miseria del proletariado, la anarquía en la producción, las desigualdades flagrantes en la distribución de la riqueza

mizeria proletariatului, anarhia în producție, inegalitățile stridente în distribuția bogăției

Mostró cómo el sistema de producción lidera la guerra industrial de exterminio entre naciones

A arătat cum sistemul de producție conduce războiul industrial de exterminare între națiuni

la disolución de los viejos lazos morales, de las viejas relaciones familiares, de las viejas nacionalidades

dizolvarea vechilor legături morale, a vechilor relații de familie, a vechilor naționalități

Sin embargo, en sus objetivos positivos, esta forma de socialismo aspira a lograr una de dos cosas

În scopurile sale pozitive, totuși, această formă de socialism aspiră să realizeze unul din două lucruri

o bien pretende restaurar los antiguos medios de producción y de intercambio

fie urmărește să restabilească vechile mijloace de producție și de schimb

y con los viejos medios de producción restauraría las viejas relaciones de propiedad y la vieja sociedad

și cu vechile mijloace de producție ar restabili vechile relații de proprietate și vechea societate

o pretende apretar los medios modernos de producción e intercambio en el viejo marco de las relaciones de propiedad

sau urmărește să înghesuie mijloacele moderne de producție și schimb în vechiul cadru al relațiilor de proprietate

En cualquier caso, es a la vez reaccionario y utópico

În ambele cazuri, este atât reacționară, cât și utopică

Sus últimas palabras son: gremios corporativos para la manufactura, relaciones patriarcales en la agricultura

Ultimele sale cuvinte sunt: bresle corporatiste pentru producție, relații patriarhale în agricultură

En última instancia, cuando los obstinados hechos históricos habían dispersado todos los efectos embriagadores del autoengaño

În cele din urmă, când faptele istorice încăpățânate au dispersat toate efectele îmbătătoare ale autoamăgirii

esta forma de socialismo terminó en un miserable ataque de lástima

această formă de socialism s-a încheiat într-o mizerabilă criză de milă

c) Socialismo alemán o "verdadero"
c) Socialismul german sau "adevărat"

La literatura socialista y comunista de Francia se originó bajo la presión de una burguesía en el poder
Literatura socialistă și comunistă din Franța a apărut sub presiunea unei burghezii la putere
Y esta literatura era la expresión de la lucha contra este poder
și această literatură a fost expresia luptei împotriva acestei puteri
se introdujo en Alemania en un momento en que la burguesía acababa de comenzar su lucha contra el absolutismo feudal
a fost introdus în Germania într-un moment în care burghezia tocmai începuse lupta cu absolutismul feudal
Los filósofos alemanes, los aspirantes a filósofos y los beaux esprits, se apoderaron con avidez de esta literatura
Filozofii germani, potențialii filozofi și beaux esprits, au profitat cu nerăbdare de această literatură
pero olvidaron que los escritos emigraron de Francia a Alemania sin traer consigo las condiciones sociales francesas
dar au uitat că scrierile au emigrat din Franța în Germania fără a aduce condițiile sociale franceze
En contacto con las condiciones sociales alemanas, esta literatura francesa perdió toda su significación práctica inmediata
În contact cu condițiile sociale germane, această literatură franceză și-a pierdut toată semnificația practică imediată
y la literatura comunista de Francia asumió un aspecto puramente literario en los círculos académicos alemanes
iar literatura comunistă din Franța a căpătat un aspect pur literar în cercurile academice germane
Así, las exigencias de la primera Revolución Francesa no eran más que las exigencias de la "Razón Práctica"

Astfel, cererile primei Revoluții Franceze nu au fost altceva
decât cerințele "rațiunii practice"
**y la expresión de la voluntad de la burguesía revolucionaria
francesa significaba a sus ojos la ley de la voluntad pura**
iar rostirea voinței burgheziei franceze revoluționare
semnifica în ochii lor legea voinței pure
**significaba la Voluntad tal como estaba destinada a ser; de la
verdadera Voluntad humana en general**
însemna Will așa cum trebuia să fie; de adevărata voință
umană în general
**El mundo de los literatos alemanes consistía únicamente en
armonizar las nuevas ideas francesas con su antigua
conciencia filosófica**
Lumea literaților germani a constat numai în a aduce noile idei
franceze în armonie cu conștiința lor filozofică antică
**o mejor dicho, se anexionaron las ideas francesas sin
abandonar su propio punto de vista filosófico**
sau mai degrabă, au anexat ideile franceze fără a-și părăsi
propriul punct de vedere filozofic
**Esta anexión se llevó a cabo de la misma manera en que se
apropia una lengua extranjera, es decir, por traducción**
Această anexare a avut loc în același mod în care se însușește o
limbă străină, și anume, prin traducere
**Es bien sabido cómo los monjes escribieron vidas tontas de
santos católicos sobre manuscritos**
Este bine cunoscut cum călugării au scris vieți prostești ale
sfinților catolici peste manuscrise
**los manuscritos sobre los que se habían escrito las obras
clásicas del antiguo paganismo**
manuscrisele pe care fuseseră scrise lucrările clasice ale
păgânismului antic
**Los literatos alemanes invirtieron este proceso con la
literatura profana francesa**
Literații germani au inversat acest proces cu literatura
franceză profană
Escribieron sus tonterías filosóficas bajo el original francés

Și-au scris prostiile filozofice sub originalul francez
Por ejemplo, debajo de la crítica francesa a las funciones económicas del dinero, escribieron "Alienación de la humanidad"
De exemplu, sub critica franceză a funcțiilor economice ale banilor, ei au scris "Alienarea umanității"
debajo de la crítica francesa al Estado burgués escribieron "destronamiento de la categoría de general"
sub critica franceză a statului burghez, ei au scris "detronarea categoriei generalului"
La introducción de estas frases filosóficas en el reverso de las críticas históricas francesas las denominó:
Introducerea acestor fraze filozofice în spatele criticilor istorice franceze pe care le-au numit:
"Filosofía de la acción", "Socialismo verdadero", "Ciencia alemana del socialismo", "Fundamentos filosóficos del socialismo", etc
"Filosofia acțiunii", "Adevăratul socialism", "Știința germană a socialismului", "Fundamentul filosofic al socialismului" și așa mai departe
De este modo, la literatura socialista y comunista francesa quedó completamente castrada
Literatura socialistă și comunistă franceză a fost astfel complet emasculată
en manos de los filósofos alemanes dejó de expresar la lucha de una clase con la otra
în mâinile filozofilor germani a încetat să mai exprime lupta unei clase cu cealaltă
y así los filósofos alemanes se sintieron conscientes de haber superado la "unilateralidad francesa"
și astfel filozofii germani s-au simțit conștienți că au depășit "unilateralitatea franceză"
no tenía que representar requisitos verdaderos, sino que representaba requisitos de verdad
nu trebuia să reprezinte cerințe adevărate, ci mai degrabă reprezenta cerințe ale adevărului

no había interés en el proletariado, más bien, había interés en la Naturaleza Humana

nu a existat niciun interes pentru proletariat, mai degrabă a existat interes pentru natura umană

el interés estaba en el Hombre en general, que no pertenece a ninguna clase y no tiene realidad

interesul era pentru om în general, care nu aparține niciunei clase și nu are realitate

Un hombre que sólo existe en el brumoso reino de la fantasía filosófica

un om care există doar în tărâmul cețos al fanteziei filozofice

pero con el tiempo este colegial socialismo alemán también perdió su inocencia pedante

dar în cele din urmă acest socialism german și-a pierdut și inocența pedantă

la burguesía alemana, y especialmente la burguesía prusiana, lucharon contra la aristocracia feudal

burghezia germană, și în special burghezia prusacă a luptat împotriva aristocrației feudale

la monarquía absoluta de Alemania y Prusia también estaba siendo combatida

monarhia absolută a Germaniei și Prusiei a fost de asemenea luptată împotriva

Y a su vez, la literatura del movimiento liberal también se hizo más seria

și, la rândul său, literatura mișcării liberale a devenit și ea mai serioasă

Se le ofreció a Alemania la tan deseada oportunidad del "verdadero" socialismo

S-a oferit oportunitatea mult dorită de Germania pentru socialismul "adevărat"

la oportunidad de confrontar al movimiento político con las reivindicaciones socialistas

oportunitatea de a confrunta mișcarea politică cu cererile socialiste

la oportunidad de lanzar los anatemas tradicionales contra el liberalismo

oportunitatea de a arunca anatemele tradiționale împotriva liberalismului

la oportunidad de atacar al gobierno representativo y a la competencia burguesa

oportunitatea de a ataca guvernul reprezentativ și concurența burgheză

Libertad de prensa burguesa, Legislación burguesa, Libertad e igualdad burguesa

Libertatea presei burgheziei, legislația burgheziei, libertatea și egalitatea burgheziei

Todo esto ahora podría ser criticado en el mundo real, en lugar de en la fantasía

toate acestea ar putea fi acum criticate în lumea reală, mai degrabă decât în fantezie

La aristocracia feudal y la monarquía absoluta habían predicado durante mucho tiempo a las masas

aristocrația feudală și monarhia absolută predicaseră de mult timp maselor

"El obrero no tiene nada que perder y tiene todo que ganar"

"Muncitorul nu are nimic de pierdut și are totul de câștigat"

el movimiento burgués también ofrecía la oportunidad de hacer frente a estos tópicos

mișcarea burgheză a oferit, de asemenea, o șansă de a se confrunta cu aceste platitudini

la crítica francesa presuponía la existencia de la sociedad burguesa moderna

critica franceză presupunea existența unei societăți burgheze moderne

Las condiciones económicas de existencia de la burguesía y la constitución política de la burguesía

Condițiile economice de existență ale burgheziei și constituția politică a burgheziei

las mismas cosas cuya consecución era el objeto de la lucha pendiente en Alemania

chiar lucrurile a căror realizare a fost obiectul luptei în curs din Germania

El estúpido eco del socialismo alemán abandonó estos objetivos justo a tiempo

Ecoul prostesc al socialismului din Germania a abandonat aceste obiective chiar la timp

Los gobiernos absolutos tenían sus seguidores de párrocos, profesores, escuderos y funcionarios

Guvernele absolute aveau adepţii lor de preoţi, profesori, scutieri de ţară şi funcţionari

el gobierno de la época se enfrentó a los levantamientos de la clase obrera alemana con azotes y balas

guvernul vremii a întâmpinat revoltele clasei muncitoare germane cu biciuiri şi gloanţe

para ellos este socialismo servía de espantapájaros contra la burguesía amenazadora

pentru ei, acest socialism a servit ca o sperietoare binevenită împotriva burgheziei ameninţătoare

y el gobierno alemán pudo ofrecer un postre dulce después de las píldoras amargas que repartió

iar guvernul german a reuşit să ofere un desert dulce după pastilele amare pe care le-a distribuit

este "verdadero" socialismo servía así a los gobiernos como arma para combatir a la burguesía alemana

acest socialism "adevărat" a servit astfel guvernelor ca armă de luptă împotriva burgheziei germane

y, al mismo tiempo, representaba directamente un interés reaccionario; la de los filisteos alemanes

şi, în acelaşi timp, reprezenta în mod direct un interes reacţionar; cea a filistenilor germani

En Alemania, la pequeña burguesía es la verdadera base social del actual estado de cosas

În Germania, clasa mică-burgheză este adevărata bază socială a stării de lucruri existente

Una reliquia del siglo XVI que ha ido surgiendo constantemente bajo diversas formas

o relicvă a secolului al XVI-lea care a apărut constant sub diferite forme

Preservar esta clase es preservar el estado de cosas existente en Alemania

A păstra această clasă înseamnă a păstra starea de lucruri existentă în Germania

La supremacía industrial y política de la burguesía amenaza a la pequeña burguesía con una destrucción segura

Supremația industrială și politică a burgheziei amenință mica burghezie cu distrugeri sigure

por un lado, amenaza con destruir a la pequeña burguesía a través de la concentración del capital

pe de o parte, amenință să distrugă mica burghezie prin concentrarea capitalului

por otra parte, la burguesía amenaza con destruirla mediante el ascenso de un proletariado revolucionario

pe de altă parte, burghezia amenință să-l distrugă prin ascensiunea unui proletariat revoluționar

El "verdadero" socialismo parecía matar estos dos pájaros de un tiro. Se extendió como una epidemia

Socialismul "adevărat" părea să omoare acești doi păsări dintr-o lovitură. S-a răspândit ca o epidemie

El manto de telarañas especulativas, bordado con flores de retórica, empapado en el rocío de un sentimiento enfermizo

Roba de pânze de păianjen speculative, brodată cu flori de retorică, cufundată în roua sentimentelor bolnăvicioase

esta túnica trascendental en la que los socialistas alemanes envolvían sus tristes "verdades eternas"

această haină transcendentală în care socialiștii germani și-au înfășurat tristele "adevăruri eterne"

toda la piel y los huesos, sirvieron para aumentar maravillosamente la venta de sus productos entre un público tan

toate pielea și oasele, au servit pentru a crește minunat vânzarea mărfurilor lor în rândul unui astfel de public

Y por su parte, el socialismo alemán reconocía, cada vez más, su propia vocación

Și, la rândul său, socialismul german și-a recunoscut, din ce în ce mai mult, propria sa chemare

estaba llamado a ser el grandilocuente representante de la pequeña burguesía filistea

a fost chemat să fie reprezentantul bombastic al filisteanului mic-burghez

Proclamaba que la nación alemana era la nación modelo, y que el pequeño filisteo alemán era el hombre modelo

A proclamat națiunea germană ca națiune model, iar micul filistean german omul model

A cada maldad malvada de este hombre modelo le daba una interpretación socialista oculta y superior

Fiecărei răutăcii ticăloase a acestui om model îi dădea o interpretare socialistă ascunsă, superioară,

esta interpretación socialista superior era exactamente lo contrario de su carácter real

această interpretare socialistă superioară era exact opusul caracterului său real

Llegó al extremo de oponerse directamente a la tendencia "brutalmente destructiva" del comunismo

A mers până la extrema de a se opune direct tendinței "brutal distructive" a comunismului

y proclamó su supremo e imparcial desprecio de todas las luchas de clases

și și-a proclamat disprețul suprem și imparțial față de toate luptele de clasă

Con muy pocas excepciones, todas las publicaciones llamadas socialistas y comunistas que ahora (1847) circulan en Alemania pertenecen al dominio de esta literatura sucia y enervante

Cu foarte puține excepții, toate așa-numitele publicații socialiste și comuniste care circulă acum (1847) în Germania aparțin domeniului acestei literaturi murdare și enervante

2) Socialismo conservador o socialismo burgués
2) Socialismul conservator sau socialismul burghez

Una parte de la burguesía está deseosa de reparar los agravios sociales
O parte a burgheziei dorește să repare nemulțumirile sociale
con el fin de asegurar la continuidad de la sociedad burguesa
pentru a asigura existența continuă a societății burgheze
A esta sección pertenecen economistas, filántropos, humanistas
Acestei secțiuni aparțin economiști, filantropi, umanitari
mejoradores de la condición de la clase obrera y organizadores de la caridad
îmbunătățitori ai situației clasei muncitoare și organizatori de caritate
Miembros de las Sociedades para la Prevención de la Crueldad contra los Animales
membri ai societăților pentru prevenirea cruzimii față de animale
fanáticos de la templanza, reformadores de todo tipo imaginable
fanatici ai temperanței, reformatori de orice fel imaginabil
Esta forma de socialismo, además, ha sido elaborada en sistemas completos
Această formă de socialism a fost, în plus, elaborată în sisteme complete
Podemos citar la "Philosophie de la Misère" de Proudhon como ejemplo de esta forma
Putem cita "Philosophie de la Misère" a lui Proudhon ca exemplu al acestei forme
La burguesía socialista quiere todas las ventajas de las condiciones sociales modernas
Burghezia socialistă vrea toate avantajele condițiilor sociale moderne

pero la burguesía socialista no quiere necesariamente las luchas y los peligros resultantes

dar burghezia socialistă nu vrea neapărat luptele și pericolele rezultate

Desean el estado actual de la sociedad, menos sus elementos revolucionarios y desintegradores

Ei doresc starea existentă a societății, fără elementele ei revoluționare și dezintegratoare

en otras palabras, desean una burguesía sin proletariado

cu alte cuvinte, ei doresc o burghezie fără proletariat

La burguesía concibe naturalmente el mundo en el que es supremo ser el mejor

Burghezia concepe în mod natural lumea în care este suprem să fie cel mai bun

y el socialismo burgués desarrolla esta cómoda concepción en varios sistemas más o menos completos

iar socialismul burghez dezvoltă această concepție confortabilă în diferite sisteme mai mult sau mai puțin complete

les gustaría mucho que el proletariado marchara directamente hacia la Nueva Jerusalén social

ar dori foarte mult ca proletariatul să mărșăluiască imediat în Noul Ierusalim social

pero en realidad requiere que el proletariado permanezca dentro de los límites de la sociedad existente

dar în realitate cere proletariatului să rămână în limitele societății existente

piden al proletariado que abandone todas sus ideas odiosas sobre la burguesía

ei cer proletariatului să renunțe la toate ideile lor pline de ură cu privire la burghezie

hay una segunda forma más práctica, pero menos sistemática, de este socialismo

există o a doua formă mai practică, dar mai puțin sistematică, a acestui socialism

Esta forma de socialismo buscaba despreciar todo movimiento revolucionario a los ojos de la clase obrera

Această formă de socialism a căutat să deprecieze orice mișcare revoluționară în ochii clasei muncitoare

Argumentan que ninguna mera reforma política podría ser ventajosa para ellos

Ei susțin că nicio simplă reformă politică nu le-ar putea aduce vreun avantaj

Sólo un cambio en las condiciones materiales de existencia en las relaciones económicas es beneficioso

numai o schimbare a condițiilor materiale de existență în relațiile economice este benefică

Al igual que el comunismo, esta forma de socialismo aboga por un cambio en las condiciones materiales de existencia

Ca și comunismul, această formă de socialism pledează pentru o schimbare a condițiilor materiale de existență

sin embargo, esta forma de socialismo no sugiere en modo alguno la abolición de las relaciones de producción burguesas

cu toate acestea, această formă de socialism nu sugerează în niciun caz abolirea relațiilor de producție burgheze

la abolición de las relaciones de producción burguesas sólo puede lograrse mediante una revolución

abolirea relațiilor de producție ale burgheziei nu poate fi realizată decât printr-o revoluție

Pero en lugar de una revolución, esta forma de socialismo sugiere reformas administrativas

Dar în loc de o revoluție, această formă de socialism sugerează reforme administrative

y estas reformas administrativas se basarían en la continuidad de estas relaciones

iar aceste reforme administrative s-ar baza pe existența continuă a acestor relații

reformas, por lo tanto, que no afectan en ningún aspecto a las relaciones entre el capital y el trabajo

reforme, prin urmare, care nu afectează în niciun fel relațiile dintre capital și muncă

en el mejor de los casos, tales reformas disminuyen el costo y simplifican el trabajo administrativo del gobierno burgués

în cel mai bun caz, astfel de reforme reduc costurile și simplifică munca administrativă a guvernului burghez

El socialismo burgués alcanza una expresión adecuada cuando, y sólo cuando, se convierte en una mera figura retórica

Socialismul burghez atinge o expresie adecvată, atunci când și numai atunci când devine o simplă figură de stil

Libre comercio: en beneficio de la clase obrera

Comerțul liber: în beneficiul clasei muncitoare

Deberes protectores: en beneficio de la clase obrera

Îndatoriri de protecție: în beneficiul clasei muncitoare

Reforma Penitenciaria: en beneficio de la clase trabajadora

Reforma penitenciarelor: în beneficiul clasei muncitoare

Esta es la última palabra y la única palabra seria del socialismo burgués

Acesta este ultimul cuvânt și singurul cuvânt serios al socialismului burghez

Se resume en la frase: la burguesía es una burguesía en beneficio de la clase obrera

Este rezumat în fraza: Burghezia este o burghezie în beneficiul clasei muncitoare

3) Socialismo crítico-utópico y comunismo
3) Socialismul critic-utopic și comunismul

No nos referimos aquí a esa literatura que siempre ha dado voz a las reivindicaciones del proletariado
Nu ne referim aici la acea literatură care a dat întotdeauna glas revendicărilor proletariatului

esto ha estado presente en todas las grandes revoluciones modernas, como los escritos de Babeuf y otros
acest lucru a fost prezent în fiecare mare revoluție modernă, cum ar fi scrierile lui Babeuf și ale altora

Las primeras tentativas directas del proletariado para alcanzar sus propios fines fracasaron necesariamente
Primele încercări directe ale proletariatului de a-și atinge propriile scopuri au eșuat în mod necesar

Estos intentos se hicieron en tiempos de excitación universal, cuando la sociedad feudal estaba siendo derrocada
Aceste încercări au fost făcute în vremuri de agitație universală, când societatea feudală era răsturnată

El entonces subdesarrollado del proletariado llevó a que fracasaran esos intentos
Starea atunci nedezvoltată a proletariatului a dus la eșecul acestor încercări

y fracasaron por la ausencia de las condiciones económicas para su emancipación
și au eșuat din cauza absenței condițiilor economice pentru emanciparea sa

condiciones que aún no se habían producido, y que sólo podían ser producidas por la inminente época de la burguesía
condiții care nu fuseseră încă produse și puteau fi produse numai de epoca burgheză iminentă

La literatura revolucionaria que acompañó a estos primeros movimientos del proletariado tuvo necesariamente un carácter reaccionario

Literatura revoluționară care a însoțit aceste prime mișcări ale proletariatului a avut în mod necesar un caracter reacționar

Esta literatura inculcó el ascetismo universal y la nivelación social en su forma más cruda

Această literatură a inculcat ascetismul universal și nivelarea socială în forma sa cea mai crudă

Los sistemas socialista y comunista, propiamente dichos, surgen en el período temprano no desarrollado

Sistemele socialiste și comuniste, propriu-zise așa, apar în perioada timpurie nedezvoltată

Saint-Simon, Fourier, Owen y otros, describieron la lucha entre el proletariado y la burguesía (ver sección 1)

Saint-Simon, Fourier, Owen și alții au descris lupta dintre proletariat și burghezie (vezi secțiunea 1)

Los fundadores de estos sistemas ven, en efecto, los antagonismos de clase

Fondatorii acestor sisteme văd, într-adevăr, antagonismele de clasă

también ven la acción de los elementos en descomposición, en la forma predominante de la sociedad

De asemenea, ei văd acțiunea elementelor în descompunere, în forma predominantă a societății

Pero el proletariado, todavía en su infancia, les ofrece el espectáculo de una clase sin ninguna iniciativa histórica

Dar proletariatul, încă la început, le oferă spectacolul unei clase fără inițiativă istorică

Ven el espectáculo de una clase social sin ningún movimiento político independiente

ei văd spectacolul unei clase sociale fără nicio mișcare politică independentă

El desarrollo del antagonismo de clase sigue el mismo ritmo que el desarrollo de la industria

dezvoltarea antagonismului de clasă ține pasul cu dezvoltarea industriei

De modo que la situación económica no les ofrece todavía las condiciones materiales para la emancipación del proletariado
deci situația economică nu le oferă încă condițiile materiale pentru emanciparea proletariatului
Por lo tanto, buscan una nueva ciencia social, nuevas leyes sociales, que creen estas condiciones
Prin urmare, ei caută o nouă știință socială, noi legi sociale, care să creeze aceste condiții
acción histórica es ceder a su acción inventiva personal
acțiunea istorică este să cedeze acțiunii lor inventive personale
Las condiciones de emancipación creadas históricamente han de ceder ante condiciones fantásticas
condițiile de emancipare create istoric trebuie să cedeze condițiilor fantastice
y la organización gradual y espontánea de clase del proletariado debe ceder ante la organización de la sociedad
iar organizarea de clasă treptată, spontană a proletariatului trebuie să cedeze în fața organizării societății
la organización de la sociedad especialmente ideada por estos inventores
organizarea societății special concepută de acești inventatori
La historia futura se resuelve, a sus ojos, en la propaganda y en la realización práctica de sus planes sociales
Istoria viitoare se rezolvă, în ochii lor, în propaganda și realizarea practică a planurilor lor sociale
En la formación de sus planes son conscientes de preocuparse principalmente por los intereses de la clase obrera
În formarea planurilor lor, ei sunt conștienți că se îngrijesc în principal de interesele clasei muncitoare
Sólo desde el punto de vista de ser la clase más sufriente existe el proletariado para ellos
Doar din punctul de vedere al clasei cele mai suferinde există proletariatul pentru ei

El estado subdesarrollado de la lucha de clases y su propio entorno informan sus opiniones

Starea nedezvoltată a luptei de clasă și propriul lor mediu le informează opiniile

Los socialistas de este tipo se consideran muy superiores a todos los antagonismos de clase

Socialiștii de acest fel se consideră cu mult superiori tuturor antagonismelor de clasă

Quieren mejorar la condición de todos los miembros de la sociedad, incluso la de los más favorecidos

Ei vor să îmbunătățească starea fiecărui membru al societății, chiar și a celor mai favorizați

De ahí que habitualmente atraigan a la sociedad en general, sin distinción de clase

Prin urmare, ei fac apel în mod obișnuit la societate în general, fără deosebire de clasă

Es más, apelan a la sociedad en general con preferencia a la clase dominante

ba mai mult, ele atrag societatea în general prin preferință clasei conducătoare

Para ellos, todo lo que se requiere es que los demás entiendan su sistema

Pentru ei, tot ce trebuie este ca alții să le înțeleagă sistemul

Porque, ¿cómo puede la gente no ver que el mejor plan posible es para el mejor estado posible de la sociedad?

Pentru că cum pot oamenii să nu vadă că cel mai bun plan posibil este pentru cea mai bună stare posibilă a societății?

Por lo tanto, rechazan toda acción política, y especialmente toda acción revolucionaria

Prin urmare, ei resping orice acțiune politică, și mai ales orice acțiune revoluționară

desean alcanzar sus fines por medios pacíficos

ei doresc să-și atingă scopurile prin mijloace pașnice

se esfuerzan, mediante pequeños experimentos, que están necesariamente condenados al fracaso

ei se străduiesc, prin mici experimente, care sunt în mod
necesar sortite eșecului

**y con la fuerza del ejemplo tratan de abrir el camino al
nuevo Evangelio social**

și prin forța exemplului încearcă să deschidă calea pentru
noua Evanghelie socială

**Cuadros tan fantásticos de la sociedad futura, pintados en un
momento en que el proletariado se encuentra todavía en un
estado muy subdesarrollado**

Astfel de tablouri fantastice ale societății viitoare, pictate într-
un moment în care proletariatul este încă într-o stare foarte
nedezvoltată

**y todavía no tiene más que una concepción fantástica de su
propia posición**

și încă nu are decât o concepție fantastică a propriei poziții

**pero sus primeros anhelos instintivos corresponden a los
anhelos del proletariado**

dar primele lor dorințe instinctive corespund cu dorințele
proletariatului

Ambos anhelan una reconstrucción general de la sociedad

Ambii tânjesc după o reconstrucție generală a societății

**Pero estas publicaciones socialistas y comunistas también
contienen un elemento crítico**

Dar aceste publicații socialiste și comuniste conțin și un
element critic

Atacan todos los principios de la sociedad existente

Ei atacă fiecare principiu al societății existente

**De ahí que estén llenos de los materiales más valiosos para
la ilustración de la clase obrera**

Prin urmare, ele sunt pline de cele mai valoroase materiale
pentru iluminarea clasei muncitoare

**Proponen la abolición de la distinción entre la ciudad y el
campo, y la familia**

ei propun abolirea distincției dintre oraș și țară și familie

**la supresión de la explotación de industrias por cuenta de los
particulares**

desființarea desfășurării de industrii în contul persoanelor
fizice

**y la abolición del sistema salarial y la proclamación de la
armonía social**

și abolirea sistemului de salarizare și proclamarea armoniei
sociale

**la conversión de las funciones del Estado en una mera
superintendencia de la producción**

transformarea funcțiilor statului într-o simplă superintendență
a producției

**Todas estas propuestas, apuntan únicamente a la
desaparición de los antagonismos de clase**

Toate aceste propuneri indică doar dispariția antagonismelor
de clasă

**Los antagonismos de clase estaban, en ese momento, apenas
surgiendo**

antagonismele de clasă abia apăreau la acea vreme

**En estas publicaciones estos antagonismos de clase se
reconocen sólo en sus formas más tempranas, indistintas e
indefinidas**

În aceste publicații aceste antagonisme de clasă sunt
recunoscute doar în formele lor cele mai timpurii, indistincte
și nedefinite

**Estas propuestas, por lo tanto, son de carácter puramente
utópico**

Aceste propuneri, prin urmare, au un caracter pur utopic

**La importancia del socialismo crítico-utópico y del
comunismo guarda una relación inversa con el desarrollo
histórico**

Semnificația socialismului critic-utopic și a comunismului are
o relație inversă cu dezvoltarea istorică

**La lucha de clases moderna se desarrollará y continuará
tomando forma definitiva**

Lupta de clasă modernă se va dezvolta și va continua să
prindă o formă clară

Esta fantástica posición del concurso perderá todo valor práctico

Această poziție fantastică din concurs își va pierde orice valoare practică

Estos fantásticos ataques a los antagonismos de clase perderán toda justificación teórica

Aceste atacuri fantastice asupra antagonismelor de clasă vor pierde orice justificare teoretică

Los creadores de estos sistemas fueron, en muchos aspectos, revolucionarios

Inițiatorii acestor sisteme au fost, în multe privințe, revoluționari

pero sus discípulos han formado, en todos los casos, meras sectas reaccionarias

dar discipolii lor au format, în toate cazurile, simple secte reacționare

Se aferran firmemente a los puntos de vista originales de sus amos

Ei se țin strâns de opiniile originale ale stăpânilor lor

Pero estos puntos de vista se oponen al desarrollo histórico progresivo del proletariado

dar aceste opinii sunt în opoziție cu dezvoltarea istorică progresivă a proletariatului

Por lo tanto, se esfuerzan, y eso de manera consecuente, por amortiguar la lucha de clases

Prin urmare, ei se străduiesc, și asta în mod constant, să atenueze lupta de clasă

y se esfuerzan constantemente por reconciliar los antagonismos de clase

și se străduiesc în mod constant să reconcilieze antagonismele de clasă

Todavía sueñan con la realización experimental de sus utopías sociales

Ei încă visează la realizarea experimentală a utopiilor lor sociale

todavía sueñan con fundar "falansterios" aislados y establecer "colonias domésticas"

ei încă visează să fondeze "falansteri" izolați și să înființeze "colonii de origine"

sueñan con establecer una "Pequeña Icaria": ediciones duodécimas de la Nueva Jerusalén

ei visează să înființeze o "Mică Icaria" – ediții duodecimo ale Noului Ierusalim

y sueñan con realizar todos estos castillos en el aire

și visează să realizeze toate aceste castele în aer

se ven obligados a apelar a los sentimientos y a las carteras de los burgueses

ei sunt obligați să apeleze la sentimentele și pungile burgheziei

Poco a poco se hunden en la categoría de los socialistas conservadores reaccionarios descritos anteriormente

Treptat, ei se scufundă în categoria socialiștilor conservatori reacționari descrisă mai sus

sólo se diferencian de ellos por una pedantería más sistemática

ele diferă de acestea doar prin pedanterie mai sistematică

y se diferencian por su creencia fanática y supersticiosa en los efectos milagrosos de su ciencia social

și diferă prin credința lor fanatică și superstițioasă în efectele miraculoase ale științei lor sociale

Por lo tanto, se oponen violentamente a toda acción política por parte de la clase obrera

Prin urmare, ei se opun violent oricărei acțiuni politice din partea clasei muncitoare

tal acción, según ellos, sólo puede ser el resultado de una ciega incredulidad en el nuevo Evangelio

o astfel de acțiune, potrivit lor, nu poate rezulta decât din necredința oarbă în noua Evanghelie

Los owenistas en Inglaterra y los fourieristas en Francia, respectivamente, se oponen a los cartistas y a los reformistas

Owenizii din Anglia și, respectiv, fourieriștii din Franța se
opun cartiștilor și "reformierilor"

Posición de los comunistas en relación con los diversos partidos de oposición existentes
Poziția comuniștilor în raport cu diferitele partide de opoziție
existente

La sección II ha dejado claras las relaciones de los comunistas con los partidos obreros existentes
Secțiunea a II-a a clarificat relațiile comuniștilor cu partidele
muncitorești existente
como los cartistas en Inglaterra y los reformadores agrarios en América
cum ar fi cartiștii din Anglia și reformatorii agrari din America
Los comunistas luchan por el logro de los objetivos inmediatos
Comuniștii luptă pentru atingerea scopurilor imediate
Luchan por la imposición de los intereses momentáneos de la clase obrera
ei luptă pentru impunerea intereselor de moment ale clasei
muncitoare
Pero en el movimiento político del presente, también representan y cuidan el futuro de ese movimiento
Dar în mișcarea politică a prezentului, ei reprezintă și au grijă
de viitorul acelei mișcări
En Francia, los comunistas se alían con los socialdemócratas
În Franța, comuniștii se aliază cu social-democrații
y se posicionan contra la burguesía conservadora y radical
și se poziționează împotriva burgheziei conservatoare și
radicale

sin embargo, se reservan el derecho de tomar una posición crítica respecto de las frases e ilusiones tradicionalmente transmitidas desde la gran Revolución

cu toate acestea, își rezervă dreptul de a adopta o poziție critică în ceea ce privește frazele și iluziile transmise în mod tradițional de la marea Revoluție

En Suiza apoyan a los radicales, sin perder de vista que este partido está formado por elementos antagónicos

În Elveția îi susțin pe radicali, fără a pierde din vedere faptul că acest partid este format din elemente antagonice

en parte de los socialistas democráticos, en el sentido francés, en parte de la burguesía radical

parțial din socialiștii democrați, în sensul francez, parțial din burghezia radicală

En Polonia apoyan al partido que insiste en la revolución agraria como condición primordial para la emancipación nacional

În Polonia ei susțin partidul care insistă asupra unei revoluții agrare ca condiție principală pentru emanciparea națională

el partido que fomentó la insurrección de Cracovia en 1846

partidul care a instigat la insurecția de la Cracovia în 1846

En Alemania luchan con la burguesía cada vez que ésta actúa de manera revolucionaria

În Germania se luptă cu burghezia ori de câte ori aceasta acționează într-un mod revoluționar

contra la monarquía absoluta, la nobleza feudal y la pequeña burguesía

împotriva monarhiei absolute, a scutieriei feudale și a micii burghezii

Pero no cesan, ni por un solo instante, de inculcar en la clase obrera una idea particular

Dar ei nu încetează niciodată, nici măcar o clipă, să insufle clasei muncitoare o idee particulară

el reconocimiento más claro posible del antagonismo hostil entre la burguesía y el proletariado

cea mai clară recunoaștere posibilă a antagonismului ostil
dintre burghezie și proletariat
**para que los obreros alemanes puedan utilizar
inmediatamente las armas de que disponen**
astfel încât muncitorii germani să poată folosi imediat armele
de care dispun
**las condiciones sociales y políticas que la burguesía debe
introducir necesariamente junto con su supremacía**
condițiile sociale și politice pe care burghezia trebuie să le
introducă în mod necesar împreună cu supremația sa
la caída de las clases reaccionarias en Alemania es inevitable
căderea claselor reacționare din Germania este inevitabilă
**y entonces la lucha contra la burguesía misma puede
comenzar inmediatamente**
și atunci lupta împotriva burgheziei însăși ar putea începe
imediat
**Los comunistas dirigen su atención principalmente a
Alemania, porque este país está en vísperas de una
revolución burguesa**
Comuniștii își îndreaptă atenția mai ales spre Germania,
pentru că această țară este în ajunul unei revoluții burgheze
**una revolución que está destinada a llevarse a cabo en las
condiciones más avanzadas de la civilización europea**
o revoluție care trebuie să se desfășoare în condiții mai
avansate ale civilizației europene
**y está destinado a llevarse a cabo con un proletariado mucho
más desarrollado**
și este obligat să se desfășoare cu un proletariat mult mai
dezvoltat
**un proletariado más avanzado que el de Inglaterra en el
XVII y el de Francia en el siglo XVIII**
un proletariat mai avansat decât cel al Angliei era în secolul al
XVII-lea, iar al Franței în secolul al XVIII-lea
**y porque la revolución burguesa en Alemania no será más
que el preludio de una revolución proletaria
inmediatamente posterior**

și pentru că revoluția burgheză din Germania nu va fi decât preludiu la o revoluție proletară imediat următoare

En resumen, los comunistas apoyan en todas partes todo movimiento revolucionario contra el orden social y político existente

Pe scurt, comuniștii de pretutindeni susțin orice mișcare revoluționară împotriva ordinii sociale și politice existente

En todos estos movimientos ponen en primer plano, como cuestión principal en cada uno de ellos, la cuestión de la propiedad

În toate aceste mișcări ei aduc în prim-plan, ca întrebare principală în fiecare, problema proprietății

no importa cuál sea su grado de desarrollo en ese país en ese momento

indiferent de gradul său de dezvoltare în acea țară la acea vreme

Finalmente, trabajan en todas partes por la unión y el acuerdo de los partidos democráticos de todos los países

În cele din urmă, ei lucrează pretutindeni pentru uniunea și acordul partidelor democratice din toate țările

Los comunistas desdeñan ocultar sus puntos de vista y sus objetivos

Comuniștii disprețuiesc să-și ascundă opiniile și scopurile

Declaran abiertamente que sus fines sólo pueden alcanzarse mediante el derrocamiento por la fuerza de todas las condiciones sociales existentes

Ei declară deschis că scopurile lor pot fi atinse numai prin răsturnarea forțată a tuturor condițiilor sociale existente

Que las clases dominantes tiemblen ante una revolución comunista

Lăsați clasele conducătoare să tremure la o revoluție comunistă

Los proletarios no tienen nada que perder más que sus cadenas

Proletarii nu au nimic de pierdut în afară de lanțurile lor

Tienen un mundo que ganar

Au o lume de câştigat
¡TRABAJADORES DE TODOS LOS PAÍSES, UNÍOS!
MUNCITORI DIN TOATE ŢĂRILE, UNIŢI-VĂ!

www.ingramcontent.com/pod-product-compliance
Lightning Source LLC
Chambersburg PA
CBHW011740020426
42333CB00024B/2966